Marriot Quality Room
445/360 QAR (normal/Regrey)

Praktische Reisetipps A–Z

100 QAR = 22,05 €
100 € = 453,42 QAR
Am 27.12.03

Land und Leute

Doha

Ausflugsziele

Anhang

Kirstin Kabasci
Staat Qatar

Es gibt nur eine einzige sinnvolle Art zu reisen,
das ist die Reise zu den Menschen.

Paul Nizan, 1921

Impressum

Kirstin Kabasci
Staat Qatar
erschienen im
REISE KNOW-HOW Verlag Peter Rump GmbH
Osnabrücker Str. 79, 33649 Bielefeld

© Peter Rump **2001**
Alle Rechte vorbehalten.

Gestaltung
Umschlag: M. Schömann, P. Rump (Layout);
G. Pawlak (Realisierung)
Inhalt: G. Pawlak (Layout und Realisierung)
Karten: der Verlag
Fotos: Kirstin Kabasci
Titelfoto: Kirstin Kabasci

Lektorat: Liane Werner

Druck und Bindung: Fuldaer Verlagsagentur

ISBN 3-89416-834-x
Printed in Germany

Dieses Buch ist erhältlich in jeder Buchhandlung der BRD,
Österreichs, der Niederlande und der Schweiz. Bitte informieren Sie Ihren Buchhändler über folgende Bezugsadressen:
BRD
Prolit GmbH, Postfach 9, 35461 Fernwald (Annerod)
sowie alle Barsortimente
Schweiz
AVA-buch 2000, Postfach, CH-8910 Affoltern
Österreich
Mohr Morawa Buchvertrieb GmbH
Sulzengasse 2, A-1230 Wien
Niederlande
Nilsson & Lamm BV, Postbus 195, NL-1380 AD Weesp

Wer im Buchhandel trotzdem kein Glück hat,
bekommt unsere Bücher auch direkt bei:
Rump Direktversand, Heidekampstraße 18,
D-49809 Lingen (Ems) oder über
unseren **Büchershop im Internet:**

Wir freuen uns über Kritik, Kommentare und Verbesserungsvorschläge.
Alle Informationen in diesem Buch sind von den AutorInnen mit größter Sorgfalt gesammelt und vom Lektorat des Verlages gewissenhaft bearbeitet und überprüft worden. Da inhaltliche und sachliche Fehler nicht ausgeschlossen werden können, erklärt der Verlag, dass alle Angaben im Sinne der Produkthaftung ohne Garantie erfolgen und dass Verlag wie Autoren keinerlei Verantwortung und Haftung für inhaltliche und sachliche Fehler übernehmen. Die Nennung von Firmen und ihren Produkten und ihre Reihenfolge sind als Beispiel ohne Wertung gegenüber anderen anzusehen.

Kirstin Kabasci

Staat Qatar

REISE KNOW-How im Internet

Aktuelle Reisetipps und Neuigkeiten
Ergänzungen nach Redaktionsschluss
Büchershop und Sonderangebote
Weiterführende Links zu über 100 Ländern

http://www.reise-know-how.de/

Der
**Reise Know-How Verlag
Peter Rump GmbH**
ist Mitglied der Verlagsgruppe
REISE KNOW-HOW

Vorwort

Qatar ist ein eigenständiger Kleinstaat, der im Nordosten der Arabischen Halbinsel am Südufer des Persisch-Arabischen Golfes gelegen ist. Rund 600.000 Menschen leben in dem kleinen Land, das mit 11.500 km² nur etwa halb so „groß" wie Hessen ist.

Seitdem der einstmals von der Weltgeschichte vergessene qatarische Wüstenwinkel auf sagenhafte Ölquellen stieß, durchsprintet das Land im Zeitraffer eine Entwicklung, für die andere Länder 100 Jahre und länger gebraucht haben.

Dieselben Menschen, deren Eltern noch allein vom Perlenhandel, der Viehzucht oder der Fischerei lebten, sind heute Großeltern in einem der reichsten Länder der Erde. Märchenhafte Milliarden von Petrodollar bilden das Fundament einer wundersamen Wandlung, die – im wahrsten Sinne des Wortes – vom Wüstenzelt zum Wolkenkratzer und vom Kamel zum Cadillac verlief.

Vor gar nicht allzu langer Zeit zogen die Qataris aus fensterlosen Lehm- oder Palmwedelhütten in Luxusvillen und Prachtpaläste. Dichte Flechtwerke aus Erdöl- und Gasleitungen schlingen sich über den Wüstengrund, den noch wenige Jahrzehnte zuvor Beduinen durchstreiften. Bohr- und Verladeinseln ragen aus dem Meer, in dem jahrhundertelang Perlentaucher ihr Glück fanden. Uralte Karawanenpfade wandelten sich zu mehrspurigen Highways, Straßenmärkte sind klimatisierten Einkaufszentren gewichen. In den klaren Wüstenhimmel sind Wolkenkratzer gewachsen, deren Spiegelglasfassaden im Sonnenlicht glänzen. Parks und Prachtavenues kontrastieren die Glitzerwelt des neuen Qatar.

Die Annehmlichkeiten einer High-Tech-Luxusgesellschaft gehören in Qatar ebenso zum Lebensalltag wie das bewusste Aufrechterhalten alter Beduinentraditionen. Historisch und Hypermodern stehen im trautem Einklang.

Für Touristen bietet Qatar eine Kombination aus Tausendundeiner Nacht, Exotik und Luxus. Soziales Elend und Gefahren durch Kriminalität existieren nicht. Hauptzielgruppe der lokalen Tourismusförderung sind Reisende, die eine Mischung aus Erholung mit westlichem Komfort und einem Hauch arabischem Abenteuer suchen. Besucher können erstklassig ausspannen, ausgiebig einkaufen oder sich erschöpfend sportlich betätigen.

Qatar ist kein Ziel für Massen und genau das richtige Reiseland für alle, die einen geruhsamen und interessanten Kurzurlaub wünschen. Allzu viel Zeit brauchen Sie nicht für die kleine Halbinsel, vier bis sieben Tage sind ideal. In der außergewöhnlich kinderfreundlichen Umgebung können Sie perfekt mit der Familie reisen. Individualisten, die auf der Suche nach einer weniger bekannten Destination sind, können sich sicher sein, in Qatar richtig zu landen.

Apropos: Es gibt eine Vielzahl attraktiver Direktflüge, mit denen Sie in etwa sechs Stunden in der Hauptstadt Doha sind. Eine gute Idee – und oft auch ohne Extra-Preis – ist ein Stoppover in Qatar auf dem Flug in ein weiter entferntes Urlaubsland oder in einen der anderen Golfstaaten.

Verglichen mit anderen Wüstenstaaten, ist Reisen in Qatar eine einfache und stressfreie Sache. Sie können alles von Doha aus erkunden, dabei werden Sie niemals viel Zeit für weite Anfahrten brauchen. Mit Englisch kann man sich überall problemlos verständigen.

Wer Wert darauf legt, kann in 5-Sterne-Hotels logieren, an üppig gedeckten Buffets der Gourmet-Restaurants Delikatessen aus aller Welt kosten und auch sonst allen nur erdenklichen Komfort genießen. Aber Sie können auch preiswerter reisen, etwa in einfachen Hotels in Souqnähe übernachten oder in hygienisch einwandfreien Restaurants und Imbissstuben essen.

Wer seinen Urlaub nicht bereits in der Heimat pauschal buchen möchte, der kann bei einem

Tourveranstalter in Doha einzelne Stadtrundfahrten oder Ausflüge mitmachen. Die Tourbegleiter sprechen meist Englisch oder Deutsch.

An Sport- und Freizeitaktivitäten ist vieles geboten: Schwimmen, Tennis, Squash, Segeln, Surfen, Wasserski, Jetski, Hochseefischen, Tauchen. Unbedingt einen Versuch wert ist Sanddünenski. Golfspieler aus aller Welt strömen in das kleine Wüstenland mit seinem erstklassigen Golfplatz.

In Doha können Sie auch gut shoppen, denn die Preise sind günstig, das Warenangebot ist groß und die Einkaufsmöglichkeiten sind vielfältig.

Herrlich sind auch die sauberen, niemals überfüllten Sandstrände und das kristallklare Meer.

Und nicht zuletzt erstreckt sich jenseits der Häusergrenze eine grandiose Landschaft aus wogenden Sanddünen. Bei Touristen sehr beliebt ist z.B. ein Desert-Barbecue am „Inlandsee". Andere sehen in der Wüste einen großen Outdoor-Abenteuerspielplatz und ein Testgelände für Japans PS-stärkste Geländewagen.

Zu guter Letzt muss noch die arabische Gastfreundschaft erwähnt werden, die sich auch in der heutigen Zeit des materiellen Aufschwungs erhalten hat und Ihre Qatar-Reise angenehm macht.

Ich wünsche allen Lesern einen angenehmen Urlaub und begrüße Sie stilecht auf Arabisch mit: *„ahlan wa-sahlan".*

Danke

Mein herzlicher Dank gilt der Qatar National Hotels Company, Qatar Holidays sowie der Deutschen Botschaft, die mir sehr bei der Erstellung dieses Buches geholfen haben.

Kirstin Kabasci

Inhalt

Praktische Reisetipps A–Z

Ausrüstung	14
Diplomatische Vertetungen	16
Einreisebestimmungen	16
Einkaufen	17
Elektrizität	17
Essen und Trinken	21
Feste und Feiertage	25
Fototipps für unterwegs	28
Geldfragen	31
Gesundheit	33
Hin- und Rückflug	38
Informationen	40
Maße und Gewichte	41
Medien	42
Nachtleben	43
Notfall-Tipps	46
Öffnungszeiten	47
Organisiertes Reisen	48
Post	51
Reisen mit Kindern	51
Reisezeit	52
Sicherheit	53
Sprache	53
Telefonieren	55
Unterkunft	57
Veranstaltungen	58
Verhaltenstipps	61
Verkehrsmittel	69
Versicherungen	73
Zeitverschiebung	76
Zollbestimmungen	76

Land und Leute

Geografie	80
Flora und Fauna	81
Geschichte	86
Staat	97
Wirtschaft	99
Islam	109
Gesellschaft	115
Kultur	126

Doha

Überblick	144
Sehenswertes	145
Praktische Reisetipps	164
Unterkunft	164
Gastronomie	168
Geldwechsel	177
Shopping	178
Sport	179
Lokale Reiseveranstalter	182
Wüstentouren	183
Mietwagenagenturen	183
Limousinenservice	184
Postämter	184
Krankenhäuser/Ärzte/Kliniken	184
Apotheken	185
Polizei	185
Fluggesellschaften	185

Ausflugsziele

Nach Norden	188
Al-Khor	188
Al-Dakhira	189
Al-Ruwais/Medinat al-Shamal	190

INHALT

Al-Zubara	191	**Anhang**	
Nach Westen	193		
Al-Rayyan	193	Glossar	204
Shahaniya	196	Abkürzungen	207
Dukhan	198	Kleine arabische	
Nach Süden	199	Sprachhilfe	208
Al-Wakra	199	Register	213
Mesaid	200	Kartenverzeichnis	215
Khor al-Udaid und		Die Autorin	216
Sandwüste	201		

Exkurse

Souvenirs, Souvenirs	18
Süße Versuchung	22
Arabische Gaumenfreuden	23
Qatar Eid Festival	27
So gelingen Ihre Urlaubsfotos	30
Meinungsfreiheit im Morgenland	44
Arabisch ist nicht gleich Arabisch	54
Weltmeister im Wassersparen	57
Alltagsregeln à la Qatar	60
Die kühle Brise	82
Die Braut des Meeres	85
Liste der Landesherren Qatars	89
Qatar am Anfang des 20. Jahrhunderts	95
Zeitlose Schätze	100
Was unterscheidet Naturperlen von Zuchtperlen?	101
Gemeinsam sind wir stark – der Golfkooperationsrat	105
Der Baum des Lebens	108
Wer ist Shaikh Ali bin Ali al-Ali	116
Souq – Schaufenster des Orients	152
Gold, Gold, Gold	157
Ras Laffan Industrial City	189
Trinker der Lüfte	193
Wüstenschiffe in voller Fahrt	194
Königin der Wüste	198

Praktische Reisetipps A–Z

Praktische Reisetipps A–Z

Ausrüstung

Erledigungen vor Reiseantritt
- Reise bei einem Veranstalter im Heimatland oder vor Ort buchen
- Flug, Hotelzimmer, Mietwagen buchen
- Visum beantragen
- Impfprophylaxe
- Reiseversicherungen
- Reisepapiere und Zahlungsmittel vorbereiten
- Welche Feiertage und Festivals fallen in die Urlaubszeit?
- Notfallapotheke

Reisegepäck
- Geldgürtel für Wertsachen
- Geldbörse für Kleingeld
- Toilettenartikel
- Tagestasche/-rucksack
- Reiseliteratur
- Sonnencreme mit hohem Lichtschutzfaktor, Sonnenbrille, Sonnenhut
- Fotoapparat oder Videokamera samt Zubehör
- Uhr mit Wecker
- ggfs. Eurostecker
- Brillenträger sollten an ein stabiles Etui und eine Ersatzbrille denken
- Für Schnorchler und Taucher die entsprechende Ausrüstung, Tipp: Kamera-Unterwassergehäuse

Reisepapiere
- Reisepass samt Visum
- Personalausweis als Reserve, auch zum Geldtausch nützlich
- Flugticket
- Möchte man sich einen Mietwagen mieten: nationaler und internationaler Führerschein
- Kopien des Passes, Personalausweises, Visums, Flugtickets, getrennt von den Originalen aufbewahren und am besten auch je eine Kopie bei Freunden zu Hause lassen
- Aufstellung von Notfalltelefonnummern, z.B.

AUSRÜSTUNG

zum Sperren der Kreditkarte oder für den Ersatz von Reiseschecks
- Bei einer Pauschalreise: Hotel-/Buchungsbestätigung, Kopie des Sicherungsscheines
- Falls man in einer Jugendherberge übernachten möchte: Jugendherbergsausweis
- Tipps zu Reiseversicherungen siehe „Versicherungen"

Reiseapotheke Tipps zur Gesundheitsvorsorge siehe „Gesundheit".

Reisekleidung Kleider machen Leute – das gilt auch für Urlauber. Frauen sollten auf kurze Hosen, Miniröcke, tiefe Dekolletés und eng anliegende T-Shirts verzichten (**Anpassung an Kultur** und Klima). Als Mann ist man gut beraten, Shorts und Muskelshirts für Strand- und Poolbesuch aufzusparen.

Wegen der klimatischen Bedingungen empfehlen sich **leichte Stoffe** wie Baumwolle, Leinen, Hanf, Seide oder Viskose. Da viele Räume klimatisiert sind und es in den Wintermonaten auch am Abend etwas kühler werden kann, sollten Sie auch an eine leichte **Jacke** oder einen Pullover denken.

Schuhe sollten luftdurchlässig, leicht und bequem sein.

Badebekleidung sollte man nur an Swimmingpools und Privatstränden tragen. Keinesfalls darf man im Badeoutfit durch die Hotellobby spazieren. Für Frauen ist „oben ohne" grundsätzlich verboten.

In manchen **exquisiten Restaurants und Bars** herrscht eine Kleiderordnung (engl. *dress code*), die elegante (engl. *smart*) Kleidung vorschreibt; mit legerer, formloser Kleidung (engl. *casual*) wird man mitunter nur ungern eingelassen. Generell am besten ist eine elegant-legere Mischung (engl. *smart-casual*).

Wer sich mit **traditionellen Gewändern** kleidet, wird nach außen hin zwar nur belächelt, aber Einheimische können sich beleidigt fühlen.

Vertretungen / Einreisebestimmungen

Diplomatische Vertretungen

Viele Botschaften und Konsulate liegen in der *„Diplomatic Area"* im Norden der Stadt Doha, die drei folgenden allerdings nicht.

- **Deutsche Botschaft**
  Doha, Jazeera al-Arabia St., in der Nähe des TV R/A, Tel. 4 87 69 59.
- **Botschaft der Vereinigten Arabischen Emirate**
  Doha, Khalifa, Al-Markhiya St., Tel. 4 88 51 11.
- **Omanische Botschaft**
  Doha, C-Ringroad, Tel. 4 67 07 44, 4 67 07 45.

Die **Schweiz** und **Österreich** haben keine diplomatische Vertretung in Qatar, die Eröffnung einer bahrainischen Vertretung ist geplant.

Einreisebestimmungen

Visa

Deutsche, Österreicher und Schweizer benötigen wie Angehörige aller europäischen Länder (außer Briten) ein Visum. Ein **Touristenvisum** kann man ohne großen Aufwand erhalten – man braucht nicht einmal die einheimischen Auslandsvertretungen zu kontaktieren.

Deutsche Touristen können für einen Aufenthalt bis zu zwei Wochen die **Visaorganisation ihrem Hotel oder Reiseveranstalter überlassen.** Diese benötigen lediglich eine gut leserliche Passkopie (möglichst helle, kontrastreiche Fotokopie anfertigen, insbesondere, wenn diese gefaxt wird) sowie Angaben über Länge des Aufenthaltes, Ankunftsdatum, Airline und Flugnummer. Das Visum wird dann am Flughafen von Doha hinterlegt und in den Pass gestempelt. Sicherheitshalber sollte man sich hierfür eine Bestätigung zufaxen lassen.

Die **Gebühren für diesen Visaservice** betragen meist um die 100 QR für einen zweiwöchigen Aufenthalt.

Informationen zu eventuell geänderten Einreise- und Visabestimmungen oder zu Besuchs- oder Geschäftsvisa können gegen Einsendung eines ausreichend frankierten Rückumschlages von den qatarischen Botschaften und Konsulaten angefordert werden.

Reisepass Der Reisepass sollte noch mindestens sechs Monate über das beabsichtigte Ausreisedatum hinaus **gültig sein**. Kinder erhalten nur ein Visum, wenn sie einen gültigen Reisepass besitzen, ein Kinderausweis genügt nicht.

Touristen, die einen **israelischen Sichtvermerk** eingestempelt haben oder deren Pass weniger als sechs Monate gültig ist, kann das Visum verwehrt werden.

Einkaufen

In Doha kann man hervorragend shoppen. Ob in eleganten Boutiquen, in modernen Einkaufszentren oder aber in den orientalischen Läden des traditionellen Souqs: Was immer man sucht – edle haute couture aus Paris oder preiswerte Bekleidung aus Indien, exklusive Armbanduhren aus der Schweiz oder billige aus Hong Kong, wertvolle Juwelen oder antiken Beduinenschmuck – nahezu alle Wünsche können erfüllt werden. Der Goldmarkt ist berühmt für seine Auswahl, Qualität, Handwerkskunst und attraktiven Preise.

Elektrizität

Die **Spannung** beträgt 220-250 Volt, 50 Hertz. Es gibt keinerlei Probleme beim Betrieb von europäischen und japanischen Geräten.

Für den Anschluss benötigt man englische, dreipolige **Stecker**. Flache Eurostecker kann man in

Souvenirs, Souvenirs

Es gibt unzählige Artikel, die man als Andenken mit nach Hause nehmen kann. Interessant sind traditionelle Gegenstände, preiswert ist Goldschmuck.

- **Krummdolche**
Arab. *khanjar*. Es gibt viele verschiedene Versionen, Schaft teilweise aufwändig mit Silberschmiedearbeit verziert, dazu gehört auch ein mit Silberfäden handbestickter Gürtel, womit der Dolch traditionell um die Hüfte getragen wird.
- **Weihrauchverbrenner**
Arab. *mubkhar*. Traditionell aus Ton, auf den Weihrauchverbrenner wird glühende Kohle gelegt, auf der dann Weihrauch oder andere Räucherstoffe verglimmen. Es gibt auch Weihrauchbrenner, die man einfach in die Steckdose steckt, praktisch, aber schnell verklebte Heizfläche.
- **Weihrauch**
Arab. *luban*. Je heller desto besser die Qualität; zu kaufen abgepackt in Supermärkten oder lose im Gewürzsouq.
- **Räuchermischungen**
Arab. *bokhur*. Verschiedene Mischungen aus Sandelholz, Weihrauch, Myrrhe, Moschus, Rosenblättern, Ölen und Blüten.
- **Orientalische Gewürze**
Größte Auswahl in den Gewürzsouqs, auch abgepackt im Supermarkt.
- **Kaffeekannen**
Arab. *dalla*. Mit dem markanten Schnabelausguss.
- **Kleine Dolche oder Messer**
Schaft mit Silber verziert.
- **Alte Vorderlader-Gewehre**
Arab. *buftilah*. Aus den Zeiten alter Beduinentradition.
- **Traditioneller Silberschmuck**
Halsketten, Armreifen, Fingerringe, Ohrringe, Gürtel, Haarschmuck, Fußreifen, Zehringe.
- **Silberdosen**
In verschiedenen Größen und Formen.
- **Traditionelle Kajal-Behälter**
Aus Silber.
- **Antike Holztruhen**
Arab. *sanduk*. In diesen verstauten einst die Beduinen ihre „Schätze".

SOUVENIRS

- **Holzschränkchen, Kisten und Figuren**
Vielfältiges Angebot, meist indische Massenware, aber trotzdem meist originell.
- **Handgeknüpfte Teppiche**
Importware aus dem Iran, Afghanistan und Pakistan, am preiswertesten sind Wollteppiche aus Afghanistan und Baluchistan, am teuersten sind persische Seidenteppiche.
- **Aus Ziegenwolle gewebte Decken, Teppiche oder Kameltaschen**
Einst beheimatet in jedem Beduinenhaushalt, kunterbunt oder in Naturfarben.
- **Schiffsmodelle**
In Handarbeit den arabischen *Dhaus* (siehe „Land und Leute, Kultur") nachempfundene Modellschiffe mit großer Detailtreue.
- **Parfum, individuell gemischte Duftöle**
In unzähligen Duftnuancen in Parfumerien und Kosmetikläden in den Souqs oder Einkaufszentren und Malls erhältlich, 100 ml Duftöl (arab. *attar*) ab 4,8 QR (ca. 1, 5 €, 3 DM).
- **Datteln**
In den Souqs und Lebensmittelläden in vielen Qualitäts- und Preisstufen, am leckersten sind die mit Mandeln.

- **Hennabemalung für Frauen**
Ein Souvenir besonderer Art bietet sich für Frauen an. Sie können in einem Hennastudio ihre Hände oder Füße mit Mustern aus diesem absolut hautverträglichen Naturfarbstoff bemalen lassen. Einfache Dekore kosten pro Handseite ab 8 QR (ca. 2,5 €, ca. 5 DM) und halten etwa drei Wochen (siehe „Land und Leute, Kultur").
- **Gold- und Juwelschmuck**
Große und preiswerte Auswahl in den Goldsouqs, exklusive Stücke in den Juwelierläden der Einkaufszentren, auch im Duty Free.
- **Designerbekleidung, Haute-Couture, Markenledertaschen und exklusive Schuhe**
Relativ preiswert in Boutiqen, Einkaufszentren, Duty Free.
- **Stoffe**
In den Souqs finden sich alle Qualitätsstufen, vorwiegend vom indischen Subkontinent, auch in den Einkaufszentren sind Stoffläden.
- **Traditionelle Kleidung**
Viele Frauen finden Gefallen an den farbenfrohen Kleidern mit ihren aufwändigen Stickereien und Applikationen.
- **Maßgeschneiderte Anzüge oder sonstige Kleidungsstücke**
Schneiderstuben gibt es überall, am einfachsten passendes Musterstück mitnehmen.
- **Armbanduhren**
Von der Billiguhr bis hin zum exklusiven und sehr teuren Schweizer oder italienischen Markenprodukt, einige Läden verkaufen Second-Hand-Markenuhren.
- **Imitate bekannter Markenartikel** (engl. *fake*)
Großes Angebot in den Souqs, die Einfuhr in die Länder der Europäischen Union ist allerdings offiziell verboten.
- **Elektroartikel und Fotozubehör**
Große Auswahl in den Souqs. Nicht vergessen, nach weltweiter Garantiekarte und Ersatzteilservice zu fragen und zu prüfen, ob die Stromspannung, mit der das Gerät betrieben werden muss, der heimischen entspricht.
- **Kassetten mit arabischer Musik**
Für wenige Qatar Rial in vielen kleinen Läden im Souq oder in Kaufhäusern erhältlich. An besten reinhören oder nach traditionellen Instrumentalstücken fragen.
- **Briefmarken oder Telefonkarten**
Für Sammler.
- **Artikel im zollfreien Einkauf**
Duty Free am Flughafen.

Essen und Trinken

zwei der Pole einstecken, für Schukostecker braucht man allerdings einen Adapter, der in vielen Hotels vorhanden ist oder den man für wenig Geld an quasi jeder Ecke kaufen kann.

Essen und Trinken

Abwechslung

Wer kulinarische Genüsse liebt, ist in Qatar durchaus nicht hinter dem Mond gelandet. Es gibt Gaststätten, Schnellrestaurants, Cafés und Eisdielen mit einer **Vielfalt, die keine Ländergrenzen** kennt – sowohl in der 5-Sterne-Gastronomie als auch in einfachen Imbissen.

Eine Liste mit empfehlenswerten Restaurants, Cafés und Bars siehe „Doha, Praktische Reisetipps".

Alkohol

Da der Koran Alkohol für Muslime verbietet, wird dieser nur in dazu **lizensierten Restaurants und Bars** ausgeschenkt. In Qatar haben nur die Hotels der Luxus- und Mittelklasse eine Bar. In Hotelrestaurants gibt es meist keinen Alkohol, denn Qataris ist es untersagt, Alkoholika zu trinken und sogar solche Restaurants zu betreten. Und da man diese speisenden Gäste nicht verlieren möchte, servieren viele Restaurants keinen Alkohol oder haben einen getrennten „feuchten" Bereich.

Die **Preise** für alkoholische Getränke sind relativ hoch; so kostet ein Bier (meist Flaschenbier der Marken Amstel, Heinecken, Carlsberg, Foster's, Budweißer) ab 14 QR, eine Champagnerflasche ab 112 QR, eine Weinflasche ab 64 QR, Whiskey ab 24 QR, Cocktails ab 24 QR.

Alkoholische Getränke darf man nur dort trinken, wo sie verkauft werden – sowie natürlich in Privatwohnungen. **Öffentlicher Alkoholgenuss ist streng verboten.**

10 QR = 3,20 €

Süße Versuchung

Halwa ist der Name einer klebrig-zähen Süßspeise, deren Geschmack kurz, aber trefflich als „zuckersüß" beschrieben werden kann. Diese Schleckerei ist in vielen arabischen Ländern sehr beliebt und wird – wie auch Datteln – gerne Gästen angeboten. Zur süßen halwa passt traditionell gekochter Kaffee, der, mit Kardamom gewürzt, ein bitteres Aroma hat.

Es gibt viele verschiedene Sorten von halwa, aber die Basismasse besteht immer aus Butter, Stärke, karamellisiertem Zucker, Eiern, Gewürzen, Nüssen und eventuell einem krönenden Schuss Rosenwasser. Die Herstellung ist eine Kunst für sich, insbesondere, wenn es nach traditioneller Weise geschehen soll. Alle Zutaten müssen in einem großen Kupferkübel mehrere Stunden lang gekocht werden. Kenner schwören darauf, dass der Kessel mit Holz und nicht etwa mit Gas erhitzt wird, denn das verleiht der halwa eine einzigartige Geschmacksnote. Es braucht viel Übung, um die Ingredienzien in der richtigen Reihenfolge (erst Wasser mit Zucker, später Stärke, dann Butter und Gewürze) einzurühren, ohne dass die Mischung zu dünn oder zu dick wird und ohne dass sie anbrennt. Mit einem langen Löffel muss der Koch die zähe und heiße Masse unablässig und mühevoll in Bewegung halten.

Tipp: Einen Süßwarenladen im Souq aufsuchen, verschiedene Sorten halwa ausprobieren und eine Dose Ihrer Lieblingssorte als Souvenir mit nach Hause nehmen.

Arabische Gaumenfreuden

Am verbreitetsten sind Speisen aus der gesamten Region des Nahen und Mittleren Ostens.

Vorspeisen (arab. *mezze*, stets mit arabischem Brot gelöffelt):
- *achar* – eingelegtes Gemüse
- *hummus* – Paste aus Kichererbsen mit Sesam
- *tahina* – Sesamsoße
- *felafel* – frittierter Kichererbsenbrei
- *tabouleh* – Petersilien-Tomatensalat mit zermahlenem Weizen und mit Minze gewürzt
- *foul* – gekochter Bohnenbrei
- *mutabbal, babaghanouj* – gebratene und pürrierte Auberginen mit Zitrone und Knoblauch
- *warra einab* – mit Reis gefüllte Weinblätter
- *kousah mashi* – gefüllte Zucchini
- *sambousa* – mit Fleisch gefüllte Teigtaschen
- *samousa* – mit Gemüse gefüllte Teigtaschen
- *kubbeh* – gefüllte Fleischklöße
- *fatush* – Salat mit gerösteten Brotstücken

Hauptgerichte:
Typisch sind Fleisch- und Fischgerichte mit Beilagen wie Reis, Gemüse und Salat.
- *makbous, hareis oder kabsa* – delikat gewürztes Lammfleisch auf einem Reisbett
- *koufa kebab* – gegrilltes Hackfleisch, oft mit Pinienkernen
- *shish kebab* – mariniertes, gegrilltes Lammfleisch am Spieß
- *shish tahouk* – mariniertes, gegrilltes Hühnerfleisch am Spieß mit Yoghurt-, Knoblauch- oder Tomatensoße
- *kibda* – gebratene Leber
- *showarma* – in kleine Stücke geschnittenes Grillfleisch vom Drehspieß
- *samak* – Fisch, im Ganzen serviert oder in Stücken auf Spießen mit Gemüse; kleine Fischarten werden meist mariniert, gegrillt und mit Dip serviert
- *sayadiaya* – Fisch auf Reis mit Tomaten- oder Zwiebelsoße
- *gambari* – Krabben
- *malukhiya* – spinatartige Beilage
- *kabouli* – Reisgericht mit Rosinen, Pinienkernen und Lamm, Huhn oder Fisch

ARABISCHE GAUMENFREUDEN

- *ouzi* – ein besonderer Festschmaus: am Spieß gegrilltes ganzes Lamm mit Reis, getrockneten Früchten und Nüssen gefüllt, besonders häufig am Ramadan-Abend serviert

Desserts:
- *umm ali* – gebackener Milchauflauf mit Nüssen und Rosinen
- *mehabaiya* – Pudding mit Pistazien und Rosenwasser
- *aish asaya* – süße Käsekuchenart
- *baklawa* – honigübergossenes Gebäck, teilweise mit Pistazien gefüllt
- *halwa* – weiche Süßspeise auf der Basis von Butter, Stärke, karamellisiertem Zucker und Eiern

Feste und Feiertage

Freitags frei

Wochenende bei uns ist nicht gleich Wochenende in Qatar, denn der islamische arbeitsfreie Tag ist der Freitag (nicht unser Sonntag).

Muslimische Festtage

Islamischer Kalender

Die muslimischen Festtage richten sich nach der islamischen Zeitrechnung und fallen deshalb nach unserem gregorianischen Kalender jedes Jahr auf einen anderen Termin. Der islamische Kalender orientiert sich am **Stand des Mondes** und nicht wie unser Kalender an der Sonne. Ein Mondjahr hat rund 354,5 Tage und ist somit im Durchschnitt elf Tage kürzer als unser „Sonnenjahr". Ein Mondmonat hat 29 oder 30 Tage.

Wichtigste Festtage

Die voraussichtlichen Daten der wichtigsten muslimischen Festtage sind:
- **Al-Hijri** (Islamisches Neujahr): 26.03.2001, 15.03.2002
- **Maulid al-Nabi** (Geburtstag des Propheten Muhammad): 04.06.2001, 24.05.2002
- **Lailat al-Miraj** (Himmelfahrt des Propheten): 25.10.2000, 14.10.2001, 03.10.2002
- **Eid al-Fitr** (Fest zum Fastenbrechen nach Ramadan): 27.-29.12. 2000, 16.-18.12.2001, 5.-7.12.2002
- **Eid al-Adha** (Großes Opferfest zur Pilgerfahrt nach Mekka): 04.-06.3.2001, 21.-23.2.2002

Ramadan
- **Ramadan** (Heiliger Monat der Muslime): 27.11.–26.12.2000, 16.11.-15.12.2001, 5.11.-4.12.2002

Showarma:
Grillfleisch vom Drehspieß gibt's an jeder Ecke

Der endgültige Tag, an dem der 30-tägige Ramadan beginnt, wird kurz zuvor, nach dem Erscheinen des Mondes nach Neumond, in jedem Land bestimmt. Daher können die Termine in den einzelnen muslimischen Ländern durchaus um einen Tag variieren.

Der Koran schreibt allen erwachsenen und gesunden Muslimen vor, im Ramadan **tagsüber nicht zu essen, zu trinken und zu rauchen.** Zugleich führen die Muslime während dieses Monats, in dem der Prophet *Muhammad* seine erste Offenbarung von Allah erfuhr, ein besonders religiöses und besinnliches Leben.

Touristen, mit Ausnahme von Kindern, die in dieser Zeit in Qatar sind, sollten der Höflichkeit halber in der Öffentlichkeit ebenfalls nichts essen, trinken oder rauchen. Was hinter den Türen des Hotelzimmers vorgeht, interessiert nicht. Auch tagsüber einzukaufen ist völlig in Ordnung, Lebensmittelläden und auch Obst- und Gemüsemärkte sind wie gewohnt geöffnet.

Straßenrestaurants öffnen erst ab Sonnenuntergang, eine Anzahl Hotelrestaurants hat jedoch tagsüber geöffnet. Manche haben ein Ramadan-Zelt-Restaurant aufgebaut. Auch der Zimmerservice funktioniert einwandfrei.

Während des Fastenmonats verläuft das **öffentliche Leben tagsüber mit Einschränkungen.** Es ist ruhiger, was von vielen als ein Vorteil empfunden wird. Banken und Behörden haben nur vormittags geöffnet. Viele Öffnungs- und Bürozeiten beginnen zudem meist eine Stunde später als sonst und enden auch früher. Während des heiligen Monats gibt es keinerlei Alkoholika.

Trotz gewisser Entbehrungen hat der Ramadan **auch Vorteile:** Nahezu alle haben ihre (Freizeit-)Aktivitäten auf den Abend verlegt – die Nacht wird quasi zum Tag. Die Geschäfte und Souqs haben länger geöffnet, die Restaurants schließen oft erst in den frühen Morgenstunden, und aus den Häusern strömen die leckersten Gerüche durch

Qatar Eid Festival

Alljährlich, zum Eid al-Fitr am Ende des Ramadan, findet in Doha das größte Fest des Landes statt, denn nach Entbehrungen ist fröhlich feiern doppelt so schön.

Am Qatar Eid Festival finden nationale und internationale Shows statt, eröffnen Zirkusse ihre Zelte, steigen Laserstrahlen und Feuerwerke in den Abendhimmel, tanzen Qataris zu traditioneller Musik in Nationaltracht, öffnen Kulturdörfer und Beduinencamps ihre Pforten, finden Buchmessen oder Kunstausstellungen statt, werden Oldtimer präsentiert, bieten unzählige Fressbuden Leckereien an, schweben (pardon: fahren) Ballons gen Himmel, bezaubern Magier ihr Publikum und und und. Kinder haben Spaß an Puppenspielen, Verlosungen, Gokart-Rennen, Kamel- und Ponyreiten, Spielveranstaltungen, Fahrradwettrennen, Karussellen, Mickey Mouse- oder Schlumpf-Shows und zahllosen Eisbuden.

Dreh- und Angelpunkt der meisten Aktivitäten ist Dohas Corniche.

Wer sagt da noch, Reisen im Ramadan hätte nur Nachteile?

die Gassen. In den großen Hotels hat man extra Zelte, so genannte Ramadan Cafés, aufgebaut und mit Teppichen, Kissen und bunten Stoffen gemütlich dekoriert. In ihnen werden fast die ganze Nacht Getränke, Datteln und Süßigkeiten serviert, Musik und Tanz sorgen für eine ausgelassene Stimmung.

Christliche Feiertage

Bei einigen europäischen und amerikanischen Institutionen und Firmen sowie bei Botschaften und Konsulaten sind **Weihnachten** und **Ostern** arbeitsfreie Feiertage.

In den großen Hotels finden festliche Veranstaltungen statt.

Staatliche Feiertage

Sie finden alljährlich zu den festen Zeiten des gregorianischen Kalenders statt.
- **Unabhängigkeitstag:** 3. September
- **Tag der Thronbesteigung:** 27. Juni

Fototipps für unterwegs

Ausrüstung

Fotozubehör und Filme aller Art sind in Fotogeschäften, Supermärkten und Hotelshops von Doha erhältlich. Wegen der niedrigen Einfuhrzölle ist Fotozubehör oft preiswerter als bei uns. Filme allerdings meist gleich teuer oder teurer. Profimaterial ist auch erhältlich, aber man muss danach suchen.

Das **Entwickeln** im Labor ist ebenfalls teuer – Filme also am besten bereits in Deutschland kaufen, nach der Belichtung kühl und trocken lagern und erst nach der Heimkehr entwickeln lassen.

Ein wichtiger Ausrüstungsgegenstand ist eine gute **Fototasche,** die vor Stößen, Staub und Feuchtigkeit schützt, vor allem bei Wüstenfahrten.

Ein **Polarisationsfilter** hilft, dass bei starker Sonneneinstrahlung unerwünschte Lichtreflexe vermieden werden und die Farben kräftiger erscheinen. Er ist das wichtigste Zubehör für die professionelle Farbfotografie.

Vor jedes Objektiv gehört ein **Skylightfilter,** der Blaustiche mildert und das Objektiv vor Kratzern bewahrt. Auch ein einfacher UV-Filter schützt, verändert jedoch die Farben nicht.

Ein **Blitz** ist nützlich bei Innenaufnahmen und zur Aufhellung bei Gegenlicht und Schlagschatten. Eine **Sonnenblende** kann nützlich sein, man kann sich aber auch die Sonnenstrahlen geschickt mit der Hand abhalten. Staubpinsel, Reinigungstücher sowie Ersatzbatterien nicht vergessen.

FOTOTIPPS FÜR UNTERWEGS

Flughafen — Eigentlich gibt es strenge Normen, die verhindern, dass **Filmmaterial beim Röntgen** auf den Flughäfen Schaden nimmt. Wer den Angaben der Röntgenapparaten dennoch nicht traut, der sollte seine belichteten Filme in einen Röntgenschutzbeutel mit Bleieinlage legen. Dies gilt insbesondere dann, wenn man hoch empfindliches Material (ab 400 ASA) dabei hat.

So gelingen Ihre Urlaubsfotos:

- Gehen Sie nah ran! Machen Sie keine Suchbilder, sondern fotografieren Sie Format füllend.
- Personen sollten von Kopf bis Fuß auf dem Bild sein.
- Porträts wirken gut ab Hüft- oder Schulterhöhe aufwärts.
- Bei Aufnahmen von Menschen achten Sie darauf, dass Kamera und Augen des Motivs auf gleicher Höhe sind, so dass ein gerader Winkel entsteht. Besonders bei Kindern vermeiden Sie ein „Fotografieren von oben herab".
- Nutzen Sie das gute Licht in den frühen Morgenstunden oder am späten Nachmittag.
- „Wo viel Licht ist, ist auch viel Schatten", daher kann ein Aufhellblitz auch am Tage manchmal Wunder wirken.
- Machen Sie bei Motiven mit Menschen lieber ein paar mehr Aufnahmen und wählen Sie später die besten aus.
- Machen Sie bei Diafilmen in schwierigen Lichtsituationen ruhig zusätzliche Bilder mit Belichtungskorrektur.
- Wählen Sie Ihr Filmmaterial: niedrig empfindliche Filme (50 oder 100 ASA) für Außenaufnahmen am Tag, 200 ASA für die Dämmerung und Innenaufnahmen; Farbwiedergabe und Schärfe ist bei 50 ASA am besten.
- Probieren Sie ungewöhnliche Standpunkte und Perspektiven, variieren Sie den Bildwinkel durch verschiedene Brennweiten des Objektivs.
- Gehen Sie sorgsam mit Ihrer Ausrüstung um. Vermeiden Sie direkte Sonneneinstrahlung und große Hitze, z.B. im Auto. Vorsicht bei Sand! Insbesondere bei Fahrten in Dünengebieten unbedingt die Kamera dicht verpacken.

Literaturtipp:
- Die Welt im Sucher. Handbuch für perfekte Reisefotos. Reise Know-How Hermann Verlag.

Geldfragen

Währung und Kurse

Die Landeswährung Qatars heißt **Qatar Rial (QR)** und ist unterteilt in 100 Dirham.

Der Qatar Rial ist frei konvertierbar. Sein Wechselkurs ist an den amerikanischen US-Dollar gekoppelt. Ein US-Dollar entspricht einem Mittelwert von 3,64 QR.

Bankwechselkurse 10/2000:

- **US $**
  1 US$ = 3,64 QR / 1 QR = 0,275 US $
- **Euro (EUR)**
  1 EUR = 3,13 QR / 1 QR = 0,32 EUR
- **Deutsche Mark (DM)**
  1 DM = 1,6 QR / 1 QR = 0,63 DM
- **Österreichischer Schilling (ATS)**
  1 ATS = 0,23 QR / 1 QR = 4,4 ATS
- **Schweizer Franken (CHF)**
  1 CHF = 2,06 QR / 1 QR = 0,48 CHF

Aktuelle Wechselkurse im Internet unter:
- http://www.oanda.com
- http://www.qatarbank.com

Ein- und Ausfuhr

Die Ein- und Ausfuhr von Devisen und Qatar Rial ist **in unbegrenzter Menge** erlaubt.

Vor der Abreise können Rial in Devisen zurückgetauscht werden, wenn man die üblichen Kursabweichungen in Kauf nimmt.

GELDFRAGEN

Reiseschecks — Empfehlenswert ist es, den **größten Teil der Reisekasse** als Reiseschecks (Euro, DM oder Dollar) mitzunehmen, denn bei Verlust bekommt man diese von der Ausstellerfirma innerhalb von 24 Stunden ersetzt.

Nahezu alle großen **Banken und Wechselstuben** (siehe „Doha, Praktische Reisetipps") tauschen Reiseschecks gegen die Vorlage des Reisepasses problemlos in Landeswährung um. Manche wollen auch die Kaufquittung oder zumindest eine Kopie davon sehen. In Qatars Wechselstuben werden Reiseschecks meist ohne Kommission und zum selben Kurs wie Bargeld getauscht. Auch manche Hotels, Geschäfte und Restaurants nehmen Reiseschecks als Zahlungsmittel entgegen.

Bargeld — Einen Teil sollte man jedoch sicherheitshalber als Bargeld mitführen, da dieses manchmal lieber angenommen wird als Scheck oder Kreditkarte. Wer auf Nummer Sicher gehen will, nimmt **einige US-Dollar in kleinen Scheinen** mit, da man mit diesen notfalls fast überall zahlen kann.

Kreditkarte — **Zum Bezahlen größerer Beträge,** zum Shoppen in Einkaufszentren oder Edel-Boutiquen, zum Abheben von Geld und als Reserve eignet sich eine Kreditkarte am besten (Hotels, Mietwagenfirmen, Einkaufszentren, Boutiquen, Goldläden). Viele Mietwagenagenturen akzeptieren nur Plastikgeld. Wem die Gebühren zum Auslandseinsatz der Kreditkarte egal sind, kann natürlich weniger Reiseschecks und Bargeld mitnehmen und fast alles über Kreditkarte abwickeln.

Trinkgeld — Eine im **Restaurant** auf der Rechnung befindliche *service charge* entspricht dem Trinkgeld, so dass es eigentlich nicht extra gezahlt werden braucht, aber ob es tatsächlich an die Kellner weitergegeben wird, ist fraglich. Wer dies bezweifelt, darf gerne ca. 10% des Rechnungsbetrages direkt dem Kellner aushändigen.

GESUNDHEIT

In **einfachen Restaurants,** Imbissen und Fast-Food-Lokalen ist es nicht üblich, ein Trinkgeld zu geben.

Sollte man mit dem Service des **Taxifahrers** sehr zufrieden sein, so kann man dies auch mit etwa 10% des Fahrpreises zeigen.

Gesundheit

Wer als gesunder Mensch nach Qatar reisen möchte, braucht keine übermäßigen Vorsorgemaßnahmen zu treffen.

Impfungen Für Einreisende aus Mitteleuropa ist **keine Impfung vorgeschrieben.**

Impfungen gegen Typhus, Meningitis, Cholera sowie eine Prophylaxe gegen Malaria sind nicht notwendig.

Gegen **Poliomyelitis** (Kinderlähmung), **Tetanus** (Wundstarrkrampf) und **Diphtherie** (Infektionskrankheit der Atemwege) sollte ohnehin jeder Erwachsene geimpft sein. Eventuell sollte man an eine Auffrischung zu denken, unbedingt aber, wenn eine dieser Impfungen zehn Jahre oder länger zurückliegt.

Bei jeder Fernreise empfiehlt sich eine Immunisierung gegen **Hepatitis A,** einer durch Viren verursachten Leberentzündung, die vereinfacht als Gelbsucht bezeichnet wird. Da die hygienischen Zustände in Qatar hervorragend sind, ist dort das Risiko, Viren durch verunreinigtes Wasser oder Nahrung aufzunehmen und zu erkranken, genauso niedrig wie zu Hause. Wer auf Nummer Sicher gehen möchte, beachte die knappe Regel: „Koch es, brat es, schäl es oder vergiss es."

Reise- Hochwertige Medikamente großer internationaler
apotheke Pharmakonzerne sind in den vielen gut sortierten **Apotheken** (engl. *pharmacy, drugstore*) von Doha erhältlich.

Medizinischer Sprachführer

Deutsch	Englisch
• Notfall	emergency
• Apotheke	pharmacy
• Krankenhaus	hospital
• Klinik	clinic
• Schmerzen	pain
• Kopfschmerzen	headache
• Zahnschmerzen	toothache
• Magenschmerzen	stomach ache, stomach upset
• Brechreiz	nausea
• Halsschmerzen	sore throat
• Ohrenschmerzen	ear pain
• Atembeschwerden	difficulty in breathing
• Husten	cough
• Schnupfen	cold, blocked nose
• Fieber	fever, high temperature
• Sonnenbrand	sunburn
• Sonnenallergie	sun allergy
• Schwangerschaft	pregnancy
• Durchfall	diarroha
• Verstopfung	constipation
• Schwindel	dizziness
• Kreislaufschwäche	circulatory insufficiency
• hoher Blutdruck	high blood pressure
• niedriger Blutdruck	low blood pressure
• Brandwunde	burn
• Vergiftung	poisoning
• Verstauchung	spraining
• Verrenkung	dislocation
• Medikament	medicine
• Impfung	vaccination
• Salbe	ointment
• Verband	bandage
• Einnahme des Präparates vor/nach/zum Essen	administration of the medication before/after/during meals
• im Mund zergehen lassen	let the tablet dissolve slowly in your mouth
• zerkauen/schlucken	chew/swallow
• in Wasser auflösen und trinken	dissolve in water and drink

GESUNDHEIT

Für **unerwartete Notfälle** empfiehlt sich die Mitnahme der Minimalausführung einer Reiseapotheke:
- Mittel gegen Kopfschmerzen und Fieber
- Mittel gegen Reisekrankheit
- Mittel gegen Sonnenbrand
- Mittel gegen Magen-/Darmverstimmungen
- Mittel gegen Durchfall und Erbrechen
- Antibiotika
- Wundsalbe
- Mullbinden und Pflaster
- Medikamente, die regelmäßig eingenommen werden müssen

Gesundheitsgrundregeln

Akklimatisierung — Eine Reise in heiße Wüstenländer verlangt langsame Anpassung. Besonders in den ersten Tagen wird man viel **schwitzen,** denn der Körper versucht mit der Wasserverdunstung die Haut zu kühlen. Wichtig ist es, **viel zu trinken,** täglich mindestens zwei Liter, am besten Mineralwasser.

Erkältung — Die mit Abstand häufigste Auslandserkrankung ist eine gewöhnliche Erkältung. Gerade weil nahezu alle Gebäude mit **Klimaanlage** (engl. *air condition,* Abk. *ac)* ausgestattet sind, sollte man bei einem längeren Innenaufenthalt daran denken, sich mit einem Pullover oder einer leichten Jacke vor Unterkühlung zu schützen. Die Erkältungsgefahr wird dadurch erhöht, dass die **Temperaturunterschiede** zwischen draußen und drinnen bis zu 20 °C betragen können und man meist verschwitzt die kühlen Innenräume betritt.

Durchfall — **Ursache** eines Durchfalls sind nicht zwangsläufig Krankheitserreger in der Nahrung – oft sind auch durch die Reise bedingte Übermüdung, Hektik, Zeitverschiebung, Verschiebung des Tag-Nacht-Rhythmus, klimatische Änderungen oder ungewohnte Nahrungsmittel ausschlaggebend.

Bezüglich der Nahrung schützt auch hier die Befolgung der goldenen **Essregel:** „Koch es, brat es, schäl es oder vergiss es." **Leitungswasser** ist durchaus genießbar und (auch in Form von Eiswürfeln) unbedenklich. Trotzdem sollte man besser **Mineralwasser** trinken, dass nahezu überall gekühlt erhältlich ist. Zu kalt konsumiert können Getränke allerdings zu Magenverstimmung und Durchfall führen.

Reisekrankheit

Hierbei handelt es sich um eine harmlose **Reizung des Gleichgewichtsorgans,** das sich im Ohr befindet – die Folge ist Übelkeit. Meist tritt die Krankheit bei Reisen mit dem Flugzeug oder dem Schiff auf. Sie kann aber auch bei holprigen und kurvenreichen Autofahrten (z.B. über Sanddünen) entstehen. Mit der Einnahme von entsprechenden Medikamenten kann man der Reisekrankheit vorbeugen.

Sonnenschutz

Einen Sonnenbrand sollte man nicht nur vermeiden, weil er schmerzt. Viel folgenreicher sind mögliche **Spätschäden** wie vorzeitige Hautalterung oder gar Hautkrebs, die durch übermäßige UV-Bestrahlung entstehen. Also, möglichst oft im Schatten aufhalten, **Sonnencreme** mit hohem Lichtschutzfaktor mehrmals täglich auftragen und möglichst **viel Haut bedecken.** Wer seine Haut bräunen möchte, sollte dies durch überlegtes Sonnenbaden, nicht durch „Rösten" in der prallen Sonne erreichen.

Keinesfalls sollte man sich in der Mittagszeit zu lange der prallen Sonne aussetzen, denn bei zusätzlicher körperlicher Anstrengung und beengender Kleidung kann es leicht zum **Hitzekollaps** kommen. Wenn der unbedeckte Kopf zu viel Sonne abbekommt, kann ein **Sonnenstich** die Folge sein.

GESUNDHEIT

Gesundheitseinrichtungen in Qatar

Organisation

Qatar verfügt über ein hervorragend organisiertes Gesundheitssystem. Im Verhältnis zur Bevölkerungszahl gibt es eine große Anzahl an **Ärzten** und Krankenhausbetten. Die **Technik** ist auf dem neuesten Stand, die **Hygiene** vorbildlich. Fast alle Ärzte haben im Ausland studiert, viele Spezialisten sind Ausländer und sprechen sehr gut englisch.

Kliniken

Neben staatlichen **Krankenhäusern** gibt es **private Arztpraxen** und *clinics:* Gemeinschaftspraxen verschiedener Fachärzte. In staatlichen Krankenhäusern und Gesundheitsstationen werden Einheimische kostenfrei behandelt. Eine Liste mit Krankenhäusern und Kliniken findet man unter „Doha, Praktische Reisetipps".

Kosten

Die medizinische **Notfallversorgung** in staatlichen Krankenhäusern ist auch für Urlauber gratis. Doch für alles, was über die medizinische Notfallversorgung hinausgeht, müssen Reisende bezahlen. Hat man zu Hause eine Auslandsreisekrankenversicherung (siehe „Versicherungen") abgeschlossen, bekommt man die Kosten nach der Vorlage von Quittungen und Bescheinigungen erstattet.

Im Notfall

Sollte man so schwer erkranken oder verletzt sein, dass man nicht vor Ort behandelt werden möchte oder kann, so besteht die Möglichkeit, den Patienten je nach Zustand mit einem **Rettungsflug nach Hause** fliegen zu lassen. Hat man eine Auslandsreisekrankenversicherung abgeschlossen (siehe „Versicherungen") oder ist man Mitglied bei einem Rettungsflugdienst, so werden die Kosten eventuell übernommen (Quittungen unbedingt aufheben!).

Hin- und Rückflug

Es gibt eine **Vielzahl von Fluggesellschaften,** die nach Qatar fliegen, so dass man aus einem breiten Angebot an Flugtagen, Preisen, Serviceleistungen und Anschlussflügen wählen kann.

Besonders interessant ist es, Qatar als **Stopover** auf dem Weg in ein anderes Land am Golf oder nach Asien einzuplanen, den manche Fluggesellschaften ohne Kostenaufschlag anbieten. Auch praktisch: komplette Stopover-Packages mit Übernachtung, Transfer, Sightseeing und Visum (Tipp: Gulf Air).

Die reine **Flugzeit ab Frankfurt** beträgt ca. sechs Stunden.

Ab Deutschland beträgt der **Flugpreis** etwa zwischen 360 € (ca. 700 DM) und 610 € (ca.1200 DM).

Billig-Tickets sind über spezielle Reisebüros wie beispielsweise Travel Overland in München zu beziehen. Die Preise für Tickets ein und derselben Airline können in den verschiedenen Büros stark variieren.

●**Travel Overland**
Saarstr. 7, 80797 München
Tel. 089/272760; Fax 089/3073039
Internet: http://www.travel-overland.de

●**Weitere Internet-Adressen:**
http://www.fly.de (Flugbörse Reisemarkt)
http://www.tiss.com (Travel Information Services)

Die Freigrenze für **Gepäck** liegt bei fast allen Fluggesellschaften bei zwanzig Kilogramm (in der 1. Klasse vierzig) plus acht Kilo Handgepäck.

Vor dem **Weiter/Rückflug** darf man nicht vergessen, diesen drei Tage vor Abflug rückzubestätigen (wichtige Fluggesellschaften siehe „Doha, Praktische Reisetipps").

Ebenfalls dran denken: Vor dem Rückflug ab Doha muss jedermann eine **Flughafensteuer**

HIN- UND RÜCK-/WEITERFLUG 39

(Airporttax) in Höhe von 20 QR zahlen, also vor der Abreise nicht alles Geld ausgeben.

Ab Deutschland

Direkt ab München: Qatar Airways (es besteht ein Abkommen mit Lufthansa, so dass man von anderen Städten mit Lufhansa nach München kommt).

Direkt ab Frankfurt: Gulf Air (sowohl direkt als auch mit Stopp in Bahrain und Abu Dhabi).

Andere Fluggesellschaften verkehren von diversen Städten **mit Zwischenstopp** in ihren Heimatflughäfen, wo man die Maschine wechseln muss: Emirates (ab Frankfurt und München über Dubai), British Airways (über London) und KLM (über Amsterdam).

Besonders preiswert sind Czech Airlines (ab Frankfurt über Prag) und Royal Jordanian (ab Frankfurt und Berlin über Amman).

Prächtige Privatvilla

| **Ab Öster-** | Die einfachsten Möglichkeiten ab Österreich **mit** |
| **reich** | **Zwischenstopp:** mit Lufthansa nach München fliegen und von dort mit Qatar Airways weiter reisen. Oder mit KLM über Amsterdam. |

Besonders preiswert sind Royal Jordanian (über Amman) und Czech Airlines (über Prag).

| **Ab der** | Die einfachste Möglichkeit ist, mit Lufthansa nach |
| **Schweiz** | **München** zu fliegen und nach dem Umsteigen mit Qatar Airways (ab München) weiter zu reisen. |

Weitere Verbindungen bestehen darin, mit folgenden europäischen Gesellschaften in deren Heimatflughafenstadt zu fliegen und dort die Maschine zu wechseln: British Airways (über London) und KLM (über Amsterdam).

Preiswert ab Zürich: Royal Jordanian (über Amman) und Czech Airlines (über Prag).

●**Literaturtipp:**
Übrigens, wer Angst vorm Fliegen hat, sollte sich den Band **„Fliegen ohne Angst"** aus der Praxis-Reihe des Reise-Know How Verlages anschauen.

Informationen

| **Infostellen** | In Qatar gibt es **keine Fremdenverkehrsämter** |
| **vor Ort** | oder ähnliche Institutionen. Touristische Auskünfte können bei den **lokalen Reiseagenturen** erfragt werden (siehe „Doha, Praktische Reisetipps"). |

| **Internet** | Aktuellste Infos und Tipps zur Ergänzung dieser Auflage sowie weiterführende Links finden sich auf der Verlags-Homepage unter den Stichwörtern „Latest News" und „Travellinks". Diesen Service bietet der Verlag zu allen Reiseführern von Reise Know-How: |

●**http://www.reise-know-how.de/**

Informative Seiten und weiterführende Links **zu arabischen Ländern allgemein:**
●http://www.arabia.com
●http://www.arab.net
●http://www.al-bab.com

- http://www.awo.net
- http://www.washingtonpost.com/ (folgt man den Links /World /Middle East/ Qatar, so öffnen sich Nachrichtensammlungen und Links)
- http://www.middleeastdaily.com/ (News aus dem Mittleren Osten)
- http://www.gulfbusiness.com/ (Gulf Business News)

Zu Qatar speziell:
- http://www.qatar-info.com,
- http://www.british-in-qatar.com (eigentlich für im Land lebende Europäer kreiert, aber sehr informativ)
- http://www.geocities.com/TheTropics/Shores/6387/destination_qatar.htm (Geocities)
- http://www.xrules.com/qatar/ (State of Qatar)
- http://www.mofa.gov.qa (Ministry of Foreign Affairs)
- http://www.qatarnewsagency.com/ (Qatar News Agecy)
- http://www.gulf-times.com/ (Tageszeitung Gulf-Times)
- http://www.qatarairways.com/ (Qatar Airways, auch Landesinformationen)
- http://www.bufau.bham.ac.uk/index.htm (Qatar Archaeology Project)
- http://www.aljazeera.net (Satelliten-TV Sender Al-Jazeera)

Weitere Websites stehen an den entsprechenden Stellen im Buchtext.

Literatur Das Bücherangebot **in Deutschland** zu Qatar ist bescheiden, viele Publikationen sind veraltet. Spezielle Literaturtipps finden sich in diesem Urlaubshandbuch jeweils im Anschluss an die betreffenden Abschnitte oder Kapitel.

Maße und Gewichte

Offiziell gilt in Qatar das **metrische System.**

Allerdings sind durch das lange intensive Verhältnis zu Großbritannien noch **einige britische Maße** gebräuchlich. Am häufigsten stößt man auf die **Gallone,** mit der an den Tankstellen gerechnet wird (= 4,54 l).

Weitere Maße und Gewichte, denen man gelegentlich begegnet:

MEDIEN

- **Volumenmaße:**
  Barrel (im Ölsektor; entspricht 159 l)
- **Längenmaße:**
  Inch (entspricht 2,54 cm)
  Fuß (entspricht 30,48 cm)
  Yard (entspricht 91,44 cm)
  Meile (entspricht 1,6093 km)
- **Gewichtsmaße:**
  Unze (entspricht 28,35 g)
  Pfund (entspricht 453,59 g)
- Die **Temperatur** wird gelegentlich noch in Fahrenheit angegeben:

0 °C	=	32 °F
15 °C	=	59 °F
37 °C	=	98,6 °F
50 °C	=	122 °F
100 °C	=	212 °F

  [handschriftlich: Formel]

Medien

TV und Radio

Nahezu alle **Hotelzimmer** sind mit Fernseher und Radio ausgestattet. Neben den einheimischen Programmen kann man auch Satellitenkanäle aus Europa und Asien sowie aus arabischen Ländern einschalten.

Zeitungen und Zeitschriften

Ausländische Zeitungen und Zeitschriften werden in den großen Hotels, in Supermärkten und in Buchläden mit englischsprachiger Literatur verkauft.

An **englischsprachigen Tageszeitungen** gibt es: Gulf News, Khaleej Times & The Gulf Today (golfübergreifend) sowie Gulf Times & The Penisula (qatarische Zeitungen). Sie werden überall in der Stadt von Straßenhändlern angeboten oder in Geschäften mit Lebensmitteln verkauft.

In den meisten Hotelzimmern liegt das Magazin **Marhaba, the Information Magazine of Qatar** aus, in dem auch einige touristische Informationen zu finden sind.

Dohar ist bestens auf Autoverkehr eingestellt

Bücher	In großen Buchläden in Doha (z.B. Familiy Bookshop, Al-Mirqab al-Jadeed St.) gibt es ein bescheidenes Sortiment an **englischsprachigen Büchern über Qatar.**

Nachtleben

Alkohol	Die Auswahl an „Nightspots" ist nicht allzu üppig, denn **Qatars Alkoholpolitik** ist nicht allzu schankfreudig und deutlich strenger als in anderen kleinen Golfstaaten.

Nur große, internationale Hotels besitzen eine Alkohol-Lizenz. **Bars** sind nur für Hotelgäste und deren Begleitung zugänglich oder für Mitglieder (engl. *member*). Eine solche Mitgliedschaft ist mitunter auch auf Tagesbasis möglich, der Preis beträgt ab 50 QR. Qataris ist der Zutritt zu lizensierten Lokalitäten (auch Restaurants) untersagt.

Nach der Hitze	In den Straßen von Doha ist es bis etwa 21 Uhr belebt, denn bis zu dieser Zeit haben die meisten Geschäfte, Souqs, Einkaufszentren und auch Parks

Meinungsfreiheit im Morgenland

Keiner verändert die arabische Medienwelt derzeit nachhaltiger als der qatarische Fernsehsender Al-Jazeera.

Sich selber bezeichnet Al-Jazeera als „erste unabhängige arabische Nachrichten- und Informations-Fernsehstation", als „ersten arabischen Sender mit Redefreiheit". Zensur kennt der Sender nicht, höchstens sittliche Maßstäbe.

Diese Grundsätze lösen eine Medienrevolution im Morgenland aus, denn nahezu in der gesamten arabischen Welt geben die Nachrichtenträger sonst üblicherweise die Meinung ihrer Informationsministerien oder führender politischer Parteien wider.

Al-Jazeera als Insel der Freiheit – der Name ist kein Zufall, heißt er doch übersetzt „Die Insel" und spielt auf sein Herkunftsland Qatar an.

Per Satellit erreichen die aufregenden Ausstrahlungen von Al-Jazeera die ganze Welt. In den Wohnstuben von Kairo, Khartoum, Beirut, Gaza, Tripolis oder Algier – überall wird das Inselprogramm mit großem Interesse verfolgt.

Als Höhepunkte des Programmes zählen Interviews mit Politstars der glanzvollen oder der zwielichtigen Sorte sowie vertiefende Berichte aus den Krisenherden der Erde. Der Schwerpunkt liegt in der Berichterstattung über den Nahen Osten.

Bei Al-Jazeera vertritt der große libysche Führer Oberst *Muhammar al-Ghaddafi* die Ideen seiner grünen Revolution. Hier verbreitet der irakische Präsident *Saddam Hussein* seinen Unmut über amerikanische Bombenangriffe der Operation „Wüstenfuchs" und übermittelt Irans kamerascheuer Präsident *Khatami* seine Appelle an den Westen.

MEINUNGSFREIHEIT IM MORGENLAND

Doch nicht nur politische Reportagen oder Nachrichtensendungen bergen Zündstoff. In abendlichen Talkshows werden Themen besprochen, die von anderen arabischen Medien gerne totgeschwiegen werden: Unterdrückung von Frauen, Sexualität, Korruption, Demokratisierungsdefizite, politische Opposition ...

Lebhafte Telefonbeiträge fließen live in die Debatten ein, und via Wählscheibe hat jedermann die Gelegenheit zur Meinungsäußerung.

Alle Journalisten von Al-Jazeera werden eigens geschult – bzw. umgeschult. Viele Berichterstatter wurden der britischen BBC abgeworben, der Rest stammt aus allen Winkeln der arabischen Welt.

Immer wieder stören sich arabische Regierungen an der im qatarischen TV-Sender praktizierten Meinungsfreiheit. Plötzliche Schließungen von Al-Jazeera- Korrespondentenbüros, landesweite Stromausfälle während politisch-prekärer Podiumsdiskussionen, die Entsendung protestierender Informationsminister nach Doha und der Abzug von diplomatischen Vertretern aus Doha sind nur einige der Gegenschläge der getroffenen Herrschaften.

Wie kann ein derart selbstständiger und sachlicher Nachrichtenkanal überleben, wo doch seine arabischen Medienkonkurrenten meist Hofberichterstattungen und Schönfärbereien nach dem Geschmack der Herrschenden verbreiten?

Ganz einfach: Kein Geringerer als der Emir von Qatar, *H.H Shaikh Hamad bin Khalifa al-Thani,* hält seine schützende Hand über den Sender Al-Jazeera. Gleich nach seinem Amtsantritt stellte der Emir seinen Reformwillen unter Beweis: Er löste die Zensurbehörde auf und schaffte das Informationsministerium ab. Mit Al-Jazeera schafft sich das kleine Wüstenland eine PR-Kampagne der besonderen Art.

geöffnet. Kaum ein Restaurant oder Imbiss schließt vor 23 Uhr. Der größte Betrieb herrscht **in den frühen Abendstunden,** wenn die Hitze nachlässt und sowohl Einheimische als auch Gastarbeiter ihren liebsten Freizeitbeschäftigungen nachgehen: dem Bummeln und Schaufenstergucken.

Notfall-Tipps

Verlust von Reisepapieren und Geld

Reisepass — Hat man seinen Reisepass verloren, so sollte man sich bei der diplomatischen Vertretung des Heimatlandes nach einem vorläufigen, befristeten Reisepass erkundigen. Dazu muss man eine **Verlustbestätigung** der Polizei vorlegen und sich ausweisen können, z.B. durch einen Personalausweis und Co.

Andere Dokument — Beim Verlust von nicht unbedingt benötigten Dokumenten wie **Personalausweis oder Führerschein** braucht man die Botschaften nicht zu kontaktieren, denn diese Papiere können ohnehin nur von den Behörden des Heimatortes ersetzt werden.

Ein verlorenes **Flugticket** bekommt man bei den Vertretungen der Fluggesellschaft ersetzt, einige Telefonnummern siehe „Doha, Praktische Reisetipps".

Finanzen — Sollte die gesamte Reisekasse, die niemals nur aus **Bargeld** bestehen darf, fort sein, kann man Angehörige im Heimatland mit einer Auslandsüberweisung beauftragen, nähere Auskünfte erteilen große Wechselstuben und Banken.

Der Verlust von **Reiseschecks** ist weniger schlimm, denn diese werden nach einer Meldung bei der Ausstellerfirma binnen 24 Stunden kostenlos ersetzt. Wichtig ist, dass man die Nummern der verlorenen Schecks nennen kann.

Beim Verlust der **Kreditkarte** ist diese so schnell wie möglich zu sperren, um Missbrauch zu verhindern.

Tipp — Wer abgesichert sein will, fertigt **von allen wichtigen Papieren Kopien** an und bewahrt sie getrennt von den Originalen auf.

Öffnungszeiten

Freitags — Das **muslimische Wochenende** sind der Donnerstagnachmittag und der Freitag, dementsprechend gelten die Büro-, Geschäfts- und Öffnungszeiten.

Zur Zeit des wichtigen Gebetes am **Freitagmittag** haben viele Geschäfte, Geldwechsler, Imbisse oder sonstige Einrichtungen etwa zwischen 11.30 und 13.30 Uhr geschlossen. Im muslimischen Fastenmonat Ramadan gelten andere Öffnungszeiten, siehe „Feste und Feiertage".

a.m. oder p.m. — In Qatar werden Öffnungszeiten nach **angelsächsischem Brauch** angegeben:
0-12 Uhr= 0-12 a.m.
13-23 Uhr= 1-11 p.m.

Geschäfte — Die allgemeine Öffnungszeit der meisten Geschäfte und Boutiquen auf der Straße und in den Einkaufszentren, der Läden in den Souqs, der Apotheken sowie der Reisebüros, Tourveranstalter und Fluggesellschaften ist von **Sa bis Do 8.30–12.30 Uhr und 15.30-19.30 Uhr. Freitags nur vormittags.** Viele haben durchgehend oder abends bis 22 Uhr bzw. Mitternacht offen und manche sogar freitags.

Supermärkte — Supermärkte haben meist **täglich durchgehend 8-22 Uhr,** manche sogar rund um die Uhr geöffnet. Auch viele kleine Lebensmittelgeschäfte haben mittags durchgehend und bis in den späten Abend hinein geöffnet – auch am Wochenende und zum Freitagsgebet.

Banken, Behörden

Banken, Behörden, Büros (auch Botschaften und Konsulate) und private Firmen haben Donnerstagnachmittag und freitags geschlossen. Ihre offiziellen Öffnungszeiten sind **samstags bis mittwochs 7.30-13 Uhr.**

Private Firmen arbeiten **nachmittags wieder etwa 16-19/20 Uhr,** einige wenige haben durchgehend geöffnet (bis auf eine einstündige Mittagspause).

Restaurants, Bars

Die Öffnungszeiten von Restaurants, Cafés, Bars etc. findet man im Kapitel „Doha, Praktische Reisetipps".

Organisiertes Reisen

Reiseveranstalter

In Deutschland

Die folgende Auflistung von Veranstaltern, die Pauschalreisen nach Qatar im Programm haben, geschieht ohne jede Wertung, weitere Adressen vermitteln gute Reisebüros. Buchungen können immer direkt und teilweise auch über Reisebüros vorgenommen werden.

Alles für die Dame auf Dohas Märkten

ORGANISIERTES REISEN 49

Reisetipps A–Z

ORGANISIERTES REISEN

- **DERTOUR GmbH & Co. KG,**
  Emil-von-Behring-Straße 6, 60439 Frankfurt,
  Tel. 069/95 88 00, Fax: 069/958 81 01,
  service.vordererorient@der-tour.de,
  www.dertour.de
- **Geoplan Touristik GmbH,**
  Steglitzer Damm 96b, 12169 Berlin,
  Tel. 0 30/7 95 40 21, Fax 0 30/7 95 40 25,
  geoplan@geoplan.net
- **NOMAD Reisen in Arabien,**
  Weißhausstr. 25, 50939 Köln,
  Tel. 02 21/4 20 03 64, Fax 02 21/4 20 21 49,
  www.nomad-reisen.de
- **Klaus Gehrmann Travel EMS Tours,**
  Eigelstein 98, 50668 Köln,
  Tel. 02 21/16 07 43, Fax 02 21/1 60 74 50,
  www.ems-tours.de
- **Tischler Reisen GmbH,**
  Partnachstr. 50, 82467 Garmisch-Partenkirchen,
  Tel. 0 88 21/93 17 10, Fax 0 88 21/7 86 41
- **Thorn & Partner Reiseservice GmbH,**
  Eschersheimer Landstr. 325, 60320 Frankfurt,
  Tel. 069/5 60 34 55, Fax 069/5 10 24,
  www.thorn-partner.de
- **Windrose Fernreisen Touristik GmbH,**
  Neue Grünstr. 28, 10179 Berlin,
  Tel. 0 30/2 01 72 10, Fax 0 30/20 17 21 17,
  info@windrose.de,

In Österreich

- **Emad Tours Ges.m.b.H**
  Parkring 16, 1010 Wien,
  Tel. 02 22/5 12 70 07, Fax 02 22/5 12 70 08,
  emad-tours@emad-tours.at

In der Schweiz

- **Holiday MakerTours AG,**
  Uraniastr. 34, Postfach 70 84, 8023 Zürich,
  Tel. 01/2 21 32 36 und 2 21 33 85,
  Fax 01/2 21 35 76
  www.holiday-maker.ch
- **Kuoni Reisen GmbH,**
  Neue Hard 7, 8010 Zürich,
  Tel. 01/2 77 44 44, Fax 01/2 72 00 71,
  intranet@kuoni.ch, www.kuoni.ch
- **Indo-Orient Tours GmbH,**
  Weinbergstr. 102, 80 06 Zürich,
  Tel. 01/3 63 01 04, Fax 01/3 62 51 07,
  indoculture@swizzonline.ch

In Qatar

Diejenigen, die ihr Reiseprogramm nicht pauschal im Heimatland buchen möchten, weil sie nicht den ganzen Urlaub in einem festen Veranstaltungsprogramm oder in einer unbekannten Gruppe eingebunden sein möchten, können das Angebot **qualifizierter Tourveranstalter** (engl. *touroperator*) vor Ort in Anspruch nehmen.

Man kann auch vor Ort **einzelne Ausflüge und Touren** buchen.

Adressen und Beispiele siehe „Doha, Praktische Reisetipps".

Post

Briefmarken und **Postkarten** werden von Schreibwarengeschäften und den großen Hotels verkauft. Letztere nehmen die Briefe auch an und senden sie weiter.

Das **Porto** nach Europa beträgt für eine Postkarte 1 QR und für einen Luftpostbrief ab 2 QR.

Adressen von Postämtern findet man im Kapitel „Doha, Praktische Reisetipps".

Reisen mit Kindern

Qatar eignet sich gut für einen Familienurlaub. Alle sind ausgesprochen kinderfreundlich und **Rücksichtnahme auf Kinder** ist völlig selbstverständlich. Einheimische und Gastarbeiter haben meist mehrere Kinder und viele Bereiche des öffentlichen Lebens sind kinderfreundlicher ausgestattet als bei uns.

Ausrüstung Alles was man braucht, wenn man mit Kindern verreist, kann man **vor Ort bekommen,** so dass nichts auf Vorrat mitgebracht werden muss. Von der Babynahrung über die Windeln bis hin zu Spielzeug und Kleidung kann man alles problemlos kaufen. Viele Marken sind von zu Hause bekannt – alles wird importiert.

Hotels und Restaurants In **Hotels** kann man sich ein Zusatzbett aufstellen lassen und zahlt lediglich einen Aufschlag auf den Doppelzimmerpreis. Je nach Hotel und Alter des Kindes kann dieser Service auch gratis sein.

In vielen **Restaurants** können Kinder verbilligt (oder sogar umsonst) essen, bekommen Geschenke oder ihre Getränke kostenlos aufgefüllt. In etlichen Restaurants stehen spezielle Familienräume oder -bereiche zur Verfügung. Hochstühle gibt es eigentlich überall.

Gesundheit Die unter „Gesundheit" erwähnten Tipps, besonders auch zum Sonnenschutz, sind bei Kindern besonders zu beherzigen. In jedem Falle sollten sich die Eltern vor einer Fernreise **von einem Kinderarzt beraten** lassen, sowohl über Impfungen als auch über gut verträgliche Reisemedikamente.

Wegen der fast unerträglich heißen Temperaturen sollte man **nicht im Sommer** mit Kindern auf die Arabische Halbinsel reisen.

Literaturtipp:
- Nikolaus Frühwein, Gunhild Kilian-Kornell, Heinz-J. Schmitt u.a.: **Mit Kindern auf Reisen.** Ein Urlaubsratgeber für Familien. Fink Verlag.

Reisezeit

Die beste Reisezeit fällt auf die Zeit **zwischen Oktober und Mai,** am angenehmsten ist es von November bis März.

Sonnenschein und blauen Himmel gibt es nahezu das ganze Jahr. Die Sonnenscheindauer liegt in den Wintermonaten bei durchschnittlich neun Stunden pro Tag.

Zum Klima siehe auch „Land und Leute, Geografie".

Aktuelles Wetter
- www.allewetter.de
- www.world-wide-weather.de
- Reisewetter-Telefon: 01 90/27 0 47

Sicherheit

In Qatar ist Kriminalität sozusagen ein Fremdwort, Kontakt mit der Polizei wird man höchstens im Falle eines **Verkehrsunfalles** (siehe „Verkehrsmittel") aufnehmen müssen.

Sprache

Arabisch — Die **offizielle Landessprache** in Qatar ist Arabisch. Höflichkeiten in Arabisch und Regeln der Transkription stehen im Anhang.

Englisch — Englisch ist **gängige Geschäftssprache,** die unter Einheimischen und Gastarbeitern weit verbreitet ist. In den Hotels, bei Tourveranstaltern, in Apotheken, Krankenhäusern, in Banken, Wechselstuben und Postämtern wird überall Englisch gesprochen. Inder können es meist fließend, wenn auch

---

Für Kinder gibt es vielerlei zum Spielen.

Arabisch ist nicht gleich Arabisch

Man unterscheidet drei Arten Arabisch: Das **klassische Arabisch** ist die Sprache, in welcher der Koran niedergeschrieben ist. Es ist eine auserwählte Schriftsprache, die sich seit dem 7. Jahrhundert, der Lebzeit des Propheten *Muhammad*, nicht verändert hat.

Darauf baut das **moderne Hocharabisch** auf, allerdings mit vereinfachter Grammatik und zeitgemäßen Vokabeln. Es ist zugleich die gemeinsame Schriftsprache aller Araber, die in den Medien, im innerarabischen Handel und in der Politik gesprochen und in den Schulen gelehrt wird.

Als letztes gibt es verschiedene **Regionaldialekte,** die nicht geschrieben, sondern nur gesprochen werden. Im Bereich des Wortschatzes, der Aussprache und der Grammatik weichen die Dialekte zum Teil stark voneinander ab.

Das **arabische Alphabet** besteht aus 28 Buchstaben, die von rechts nach links geschrieben und gelesen werden. Drei Buchstaben können sowohl vokalisch als auch konsonantisch sein. Es gibt nur 3 Vokale: a, u und i, die lang oder kurz gesprochen werden, je nach Länge ändert sich der Sinn des Wortes. Alle Worte basieren auf Wurzeln, die meist aus 3 Mitlauten bestehen, sinnverwandte Worte haben dieselbe Wurzel.

---

mit einer ungewohnten Betonung und einigen fremden Vokabeln („Indlish"). Aber auch wer nicht perfekt Englisch spricht, verfügt meist über einen Grundwortschatz.

Deutsch und andere — Manche qatarische Tourveranstalter haben nicht nur englisch-, sondern sogar auch deutschsprachige **Guides.**

Unter den **Gastarbeitern** ist auch Indisch, Pakistanisch, Persisch oder Philippinisch oft zu hören.

Kein Qatari ohne Handy

Telefonieren

Telefon-netz

Das Telefonnetz ist sehr gut ausgebaut. **Lokale Gespräche** sind kostenlos. Man kann daher von überall aus (von Geschäften, Restaurants, Kaufhäusern ...) Ortsgespräche – außer zu Mobiltelefonen – führen und braucht keine Telefonkarte zu kaufen.

Öffentliche **Telefonzellen** funktionieren mit Telefonkarten, die z. B. in Supermärkten, Lebensmittelläden an Tankstellen oder Hotelrezeptionen erhältlich sind. Telefonzellen gibt es an fast jeder Straßenecke sowie in Kaufhäusern, Supermärkten, in Parks, an Bushaltestellen und in öffentlichen Gebäuden.

Eine Direktwahl **nach Europa** ist von allen Fernsprechern mit Telefonkarte oder Kreditkarte möglich. Auslandsgespräche sind vom Hotelzimmer aus am teuersten.

Ortsnetzkennzahlen gibt es in Qatar nicht. Alle **Telefonnummern** haben sieben Stellen, Festnetznummern beginnen mit 4, Mobiltelefonnummern mit 5 und Funkrufnummern mit 2 (engl. *pager* oder *bleep).*

TELEFONIEREN

Handys

Das Klingeln von Mobiltelefonen überrascht in Qatar schon etliche Jahre niemanden mehr. Inhaber von **GSM-Geräten** können ihren Apparat auch vor Ort benutzen.

Die **Gebühren** sind sehr hoch, auch wenn man angerufen wird, seine Anrufe oder SMS-Texte weiterleiten lässt oder die Mailbox abruft. Nähere Informationen über das Telefonieren in ausländischen Partnernetzen (engl. *International Roaming*) erteilt der jeweilige Vertragspartner.

Leider kann man in Qatar keine vorbezahlten **GSM-Karten** kaufen. Wer im qatarischen Netz mitreden möchte, muss sich für mindestens 3 Monate anmelden, was nicht ohne Formulare und die Bürgschaft eines Qataris geht (meist Arbeitsstelle).

Anders als bei uns werden Mobiltelefone nicht „Handy", sondern „Mobile" genannt.

Internationale Vorwahlnummern

Nach der internationalen Vorwahlnummer muss man dann die Null eventueller Ortskennzahlen weglassen.

- **Deutschland:** 0049
- **Österreich:** 0043
- **Schweiz:** 0041
- **Bahrain:** 00973
- **Qatar:** 00974
- **V.A.E.:** 00971
- **Oman:** 00968
- **Kuwait:** 00965
- **Saudi-Arabien:** 00966
- **Jemen:** 00967

Auskunft

- **Englischsprachige Telefonauskunft:** Tel. 180
- **Flughafen:** Tel. 4 65 66 66
- **Fluganfragen:** Tel. 4 62 29 99

Notfall

- **Telefonnotrufnummer Polizei/Ambulanz/Feuer:** Tel. 999

UNTERKUNFT

Unterkunft

Qatar bietet ein **breites Spektrum an Unterkunftsmöglichkeiten,** das von 5-Sterne-Hotels bis zur Jugendherberge reicht. Da fast alle Unterkünfte in Doha angesiedelt sind, sind die Informationen zu Hotelkategorien, Preisen einschließlich der Auflistung der empfohlenen Hotels unter „Doha, Praktische Reisetipps" zu finden.

Weltmeister im Wassersparen

Die auf der Arabischen Halbinsel heimischen Kamele sind korrekt bezeichnet einhöckrige Dromedare (lat. *Camelus dromedarius*). Sie leben nicht nur auf der Arabischen Halbinsel, sondern auch in Nordafrika, Indien und Pakistan, wohingegen ihre zweihöckrigen Verwandten, die Trampeltiere (lat. *Camelus bactrianus*), in Nord- und Zentralasien beheimatet sind. Da sie jedoch der Familie der Kamele untergeordnet sind, hat es sich im umgangssprachlichen Gebrauch eingespielt, beide Begriffe sinngleich zu benutzen.

Das Kamel steckt in einem „Wunderkörper", der den extremen klimatischen Verhältnissen der Wüste kaum besser angepasst sein könnte. Hartnäckig hält sich die Mär vom körpereigenen Wasserreservoir; doch nicht „speichern", sondern „sparen" lautet die biologische Zauberformel.

Erst die Domestizierung des Kamels vor 3500-3000 Jahren ermöglichte es auch den Menschen, in der Wüste zu überleben. Aus endlosen Weiten wurden „Meere", die man dank der „Wüstenschiffe" durchqueren konnte. Als Reit- und Lastentier ermöglichte es Mobilität und die Durchführung von langen Wanderungen, Handelskarawanen und Raubzügen.

Dabei wurden – und werden – Kamele nicht nur als Nutztiere, sondern vielmehr als Kameraden angesehen und mit großer Achtung und liebevoller Zuneigung gewürdigt. In der arabischen Sprache gibt es 160 verschiedene Bezeichnungen für das Kamel. Die gebräuchlichste, *al-jamal,* wird auch als Begriff für „Zuneigung", „Verehrung" und „Bewunderung" gebraucht. Die sprachliche Wurzel der Wörter „Kamel" und „Schönheit" ist dieselbe.

Veranstaltungen

Kamel- und Pferderennen

Qataris vergnügen sich am liebsten bei Kamel- und Pferderennen. Da die meisten Veranstaltungen an den **Wochenenden** (d.h. donnerstags und freitags) oder an Feiertagen des Winterhalbjahres stattfinden, werden sie für einen weiteren „Volkssport", den familiären **Picknickausflug,** genutzt.

Ein besonderes Erlebnis ist es, eine hochrangige Veranstaltung, wie z.B. die **großen Rennen** zum Abschluss einer Saison, am Nationalfeiertag oder am Ende des Fastenmonats Ramadan (Daten siehe „Feste und Feiertage"), zu besuchen. In den Zuschauerrängen herrscht ausgelassene Volksfeststimmung, und auch einflussreiche Shaikhs sind vom Rennfieber gepackt und nehmen in ihren Ehrenlogen Platz.

Selbst wenn gerade kein bedeutsames Rennen stattfindet, sollte man trotzdem an einem Wochenende auf eine Rennbahn fahren, um bei einem der zahlreichen **Trainingsrennen** zuzusehen.

Sport

Aber auch Sportveranstaltungen wie Segel- oder Ruderregatten, Schnellbootrennen, Autorallyes, Tennisturniere und Fußball sind **sehr beliebt.** Neben alledem gibt es auch Jetski-Rennen, Cricket-, Squash-, Hockey-, Basketball- und Rugbyturniere.

Sonstiges

Die größte Fete des Landes ist das **Qatar Eid Festival,** das alljährlich zum Fest Eid al-Fitr am Ende des Fastenmonats Ramadan veranstaltet wird (siehe „Feste und Feiertage").

Jedes Jahr wird gegen Ende März eine **International Horse Show** veranstaltet, die für Freunde der Araberpferde sehr sehenswert ist.

Kleine Jockeys und ihre Rennkamele

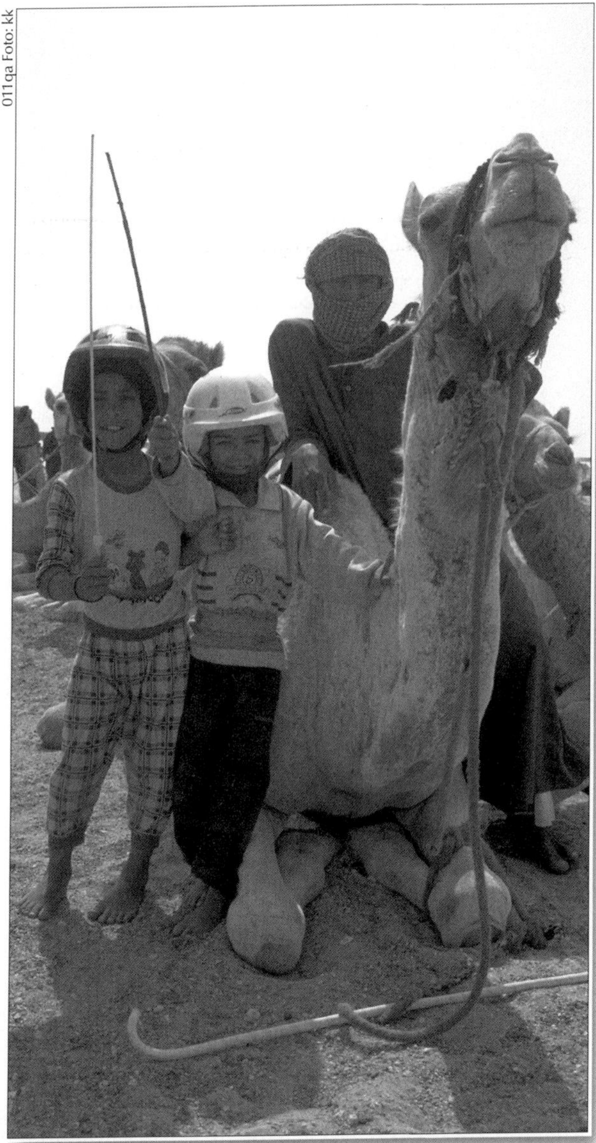

011qa Foto: kk

Alltagsregeln à la Qatar

Ladys only

Für Herren verbotenes Terrain: Viele öffentliche Bereiche sind nur für Frauen zugänglich, so z.B. Bankfilialen oder Postämter.

Also Vorsicht, Ihr Männer: Vor dem Öffnen einer mit Milchglas- oder Gardinen verkleideten Tür erstmal jeman(n)den fragen, was dort los ist.

Zu spät?! Sie erblicken im Raum nur Frauen, die aufgeregt schnattern und auf die Tür zeigen?! Dann besser den Rückzug antreten und entschuldigen nicht vergessen.

Keine Wasserpfeife für Frauen

Nein, Frauen dürfen in der Öffentlichkeit keine Wasserpfeife schmauchen. Und zwar alle – auch Europäerinnen.

Eventuell Erfolg, doch eine *Shisha* (arab. für Wasserpfeife) serviert zu bekommen, besteht in Restaurants mit abgetrennten Familienbereichen, wenn Frau ihren ganzen Charme einsetzt. Viel Glück und Erfolgsmeldungen bitte an die Autorin weiterleiten!

Kein Alkohol für Qataris

Keine Chance: Qataris dürfen Bars oder Restaurants mit Alkoholausschank nicht betreten. Oft wacht ein Hotelangestellter am Eingang.

Ausnahme: In Restaurants mit getrennten Servierbereichen dürfen auch Qataris Platz nehmen, aber bitte nur in der alkoholfreien Zone.

Diskriminierend: Alle anderen arabischen Nationalitäten dürfen sich feucht-fröhlichen Verführungen ungehemmt hingeben.

VERHALTENSTIPPS

Aktuelle Termine entnimmt man am Besten den Tageszeitungen. Wegen der großen Sommerhitze finden die meisten Veranstaltungen allerdings nur zwischen Oktober und April statt.

Verhaltenstipps

Anpassung Qatar ist ein **arabisch geprägtes und muslimisches Land.** Jedem Reisenden sollte klar sein, dass er sich in einem gewissen Rahmen den Sitten und Gebräuchen anpassen muss. Zudem ist Qatar ein traditionelles und verhältnismäßig konservatives Land – aber deutlich entfernt von religiös-politischen Gesinnungen oder Kleiderordnungen im benachbarten Saudi-Arabien oder Iran.

Was oft unangenehm auffällt, ist die Hektik vieler Europäer – selbst im Urlaub. Araber (und asiatische Gastarbeiter) haben eine andere Auffassung von Zeit als wir, denn „als Allah die Zeit schuf, schuf er sie reichlich". In allen Situationen ist es sinnvoll, **Ruhe zu bewahren.** Ungeduld oder gar Zorn führen zu nichts, höchstens zu Unverständnis oder schlimmer noch zur totalen Blamage.

Die nachfolgend aufgeführten Verhaltenstipps sollen **höfliches Benehmen** ermöglichen. Hält man sich nicht daran, so drücken die Einheimischen meist beide Augen zu und lassen den Gast nicht merken, dass er gerade (unbewusst) taktlos gehandelt hat.

Einladungen

Gastfreundschaft begegnet Fremden überall. Einladungen zum Kaffee, Tee oder zum Dattelessen abzuschlagen, gilt als unhöflich, und die Begründung, keine Zeit zu haben, stößt auf Unverständnis (siehe oben).

VERHALTENSTIPPS

Kaffee- oder Teerunden

Kaffee- oder Teerunden dauern mindestens zwei, besser drei obligatorische Tässchen. Der traditionelle arabische **Kaffee** (arab. *qahwa*) ist das Symbol der Gastfreundschaft, ihn abzuschlagen gilt fast schon als Beleidigung. Qahwa wird in einer Schnabelkanne serviert, ist frisch geröstet, stark und mit diversen Gewürzen wie Kardamom, Ingwer oder Rosenwasser aufgebrüht. Möchte man nichts mehr trinken, so zeigt man dies am stilechtesten, indem man seine leere Tasse mit einem dezenten Schwung aus dem Handgelenk kurz hin- und herschwenkt. Unterlässt man diese Geste, so wird ständig nachgeschenkt. Nach der dritten Runde sollte man jedoch höflicherweise kundtun, dass man nichts mehr möchte.

Begrüßung

Viele Araber führen bei der Begrüßung ihre **rechte Hand zum Herzen** und unterstreichen damit ihre Herzlichkeit; diese ausdrucksstarke Geste können auch Touristen zeigen. Die arabische Begrüßung ist eine streng **festgelegte Zeremonie,** in der man sich höflich nach der jeweiligen Gesundheit und dem Wohlbefinden der Familie (nie aber direkt nach dem der Frauen!) erkundigt. Auch am Telefon sollten diese Höflichkeiten nicht fehlen (stets *„How are you"* fragen). Besonders hoch angerechnet wird es, wenn man die wichtigsten Begrüßungsformeln auf Arabisch kann (siehe „Kleine arabische Sprachhilfe" im Anhang).

Linke Hand

Die linke Hand **gilt als unrein,** da mit ihr die Reinigung auf der Toilette vollzogen wird. Deshalb sollte man es vermeiden, jemanden mit links zu grüßen, etwas mit links zu überreichen (insbesondere Essen, Geschenke, Geld und Zigaretten) oder mit links Essen zum Mund zu führen.

Gesprächsthemen

Bei Gesprächen über **Politik** ist Zurückhaltung geboten, ebenso bei Diskussionen über **religiöse Themen.** Empfehlenswert ist es, sich als Christ auszugeben, auch wenn man eher atheistisch einge-

VERHALTENSTIPPS

stellt ist – keiner Religion anzugehören, ist für Muslime unvorstellbar.

Restaurant Wird man zum Essen in ein Restaurant eingeladen, so braucht man sich nicht unbedingt mit einem Geschenk zu **bedanken.** Die nächste Einladung sollte aber auf die eigene Rechnung gehen, falls dies nicht höflich abgewehrt wird.

Bei Qataris zu Hause Bei Einladungen in einen Privathaushalt sollte man sich mit einem **Gastgeschenk** erkenntlich zeigen. Am besten sind Aufmerksamkeiten oder Süßigkeiten für die Kinder und Datteln von guter Qualität.

Beim Betreten des Empfangsraumes (arab. *majlis*) werden die **Schuhe** draußen ausgezogen.

In traditionell eingestellten Familien werden **Frauen** in den Frauenbereich geführt, während Männer unter sich bleiben. Viele Gastgeber empfangen westliche Reisende aber auch ohne Geschlechtertrennung.

In jedem Fall wird zuerst arabischer **Kaffee serviert.** Handelt es sich um eine Einladung zum Essen, so wird danach eine Wasserschüssel zum Händewaschen und zum Abtrocknen eine Packung Papiertüchern herumgereicht. Oft ist das Wasser mit Duftölen oder Rosenwasser parfumiert. Dann erst beginnt die eigentliche **Mahlzeit:** meist eine auf einem großem Tablett servierte Reisplatte mit Lammfleisch, frischem Brot und verschiedenen kleinen Beilagen. Bei Hochzeiten, Geburten und religiösen Festen wird eine Reihe von Spezialitäten aufgetischt. Im Falle einer spontanen oder weniger formellen Einladung wird eine Auswahl an frischem, gekühltem Obst mit Süßigkeiten und Datteln serviert.

Nach der Mahlzeit wäscht man sich erneut die Hände, und es wird wieder Kaffee angeboten. In Frauenrunden werden oft wertvolle Parfums und Duftöle gereicht. Man tupft sich einige Tropfen an die Seite der Daumen, auf die Wangen, an den Schleier oder unter die Nase. Oft macht auch ein

VERHALTENSTIPPS

Weihrauchbrenner mit qualmendem Weihrauch, Sandelholz oder anderen Essenzen die Runde.

Essen und Trinken

Mit den Fingern essen

Beim Essen im Zusammensein mit Arabern sollte man darauf achten, möglichst **nicht die linke Hand zum Mund** zu führen (siehe oben).

Bei einer traditionellen Mahlzeit wird meist mit den Fingern **von einer gemeinsamen Platte** gegessen. Man macht dies am elegantesten, indem man aus der Speise (insbesondere Reis) einen mundgerechten Klumpen formt, ihn auf die Fingerspitzen der rechten Hand legt und mit dem Daumen in den Mund schiebt. Dass dabei die Hand klebrig wird, ist normal, ein verschmierter Mund wirkt dagegen nicht sehr elegant.

Brotstücke werden bei Arabern als „Löffel" oder „Zange" verwendet. Sie dürfen nur einmal in das Essen getaucht werden und sind dann mitzuessen.

In allen arabischen Restaurants darf man ungehemmt mit den Fingern speisen, selbst in DeLuxe-Restaurants. Doch den Wunsch nach Besteck auszusprechen, ist völlig ok.

Kleidung

Nicht zuviel Haut Wichtig ist, dass Männer und Frauen trotz der hohen Temperaturen **das muslimische Anstandsgefühl nicht verletzen,** indem sie in der Öffentlichkeit zuviel Haut zeigen.

Shorts **bei Männern** wirken in den Augen vieler Araber lächerlich, da arabische Männer diese als Unterhose tragen.

Für Frauen empfehlen sich weite, blickdichte und nicht zu tief ausgeschnittene Kleidungsstücke. Damit zeigt man Anstand und wird entsprechend behandelt. Wer seine Körperrundungen demonstrativ zur Schau stellt, braucht sich nicht über lüsterne Blicke und Kommentare zu wundern.

Beim Baden oder Sonnen außerhalb der Hotels sollten Frauen Schultern und Knie bedeckt halten. Für Männer sind knielange weite Shorts schicklicher als knappe Badehosen.

Bitte: Touristen sollten **keine einheimische Gewandung tragen.** Auch wenn es nett gemeint ist, kann es leicht passieren, dass Qataris sich in ihrem Nationalstolz verletzt fühlen.

Frisches Brot gehört zu jedem arabischen Essen

Fotografieren

Respekt — Beim Fotografieren (und besonders beim Filmen) von Menschen ist Höflichkeit oberstes Gebot. Für **Muslime,** die den Koran streng interpretieren, ist die Abbildung von Menschen in jeglicher Form verboten. Aus Respekt sollte man keine Großaufnahmen von Menschen machen, ohne sie gefragt zu haben. Absagen sollten akzeptiert werden und einem nicht die Laune verderben.

Dies gilt insbesondere gegenüber arabischen **Frauen!** Man sollte nicht glauben, sie in aller Heimlichkeit porträtieren zu können, es ist nicht nur absolut unhöflich, sondern beschwört mit ziemlicher Sicherheit Ärger herauf.

Tolerant — **Viele Araber** sehen es mit dem Bilderverbot nicht so eng, und überall hängen schließlich die riesigen Porträts ihrer Herrscher. Immer wieder posieren Familien vor Brunnen oder in Parkanlagen, der Fotoapparat ist bei jedem Ausflug obligatorisch. **Inder und Pakistanis** lassen sich oft sogar auffallend gerne fotografieren.

Kein Knips — Strikt vermeiden sollte man es, **militärische Anlagen und Herrscherpaläste** abzulichten. Ebenso öffentliche Gebäude wie **Ministerien, Industrieanlagen, verkehrstechnische Einrichtungen** (Flughäfen) und alles, was mit der Erdöl- und Gasförderung zu tun hat. Ohne ausdrückliche Erlaubnis sollte man auch keine **religiösen Zeremonien** ablichten.

Handeln

Wo handeln? — **Festpreise** gelten für Lebensmittel und die Produktpalette in Supermärkten sowie in manchen Geschäften der Einkaufszentren.

Sonst aber kann man die typisch arabische Möglichkeit, einen guten Preis zu **erfeilschen,**

nahezu überall nutzen: in den Läden der Souqs, selbst in Goldgeschäften und in Boutiquen.

Besonders beim Kauf von Souveniren muss man handeln, es gehört einfach „dazu" und steigert das Ansehen des Käufers. Den Versuch zu feilschen, werden die Händler mit einem verschmitzten, aber einladenden Lächeln beantworten; wer allerdings keinen Preisnachlass anstrebt, dem wird nur selten einer eingeräumt (und der wird wegen seiner „Dummheit" belächelt).

Wie handeln? Handeln ist stets **eine freundliche, keine aggressive Angelegenheit.** Es ist die Kunst des gezielten Umweges. Hilfreich sind Fingerspitzengefühl und Redegewandtheit.

Oberstes Gebot ist, dass es von einem einmal gemachten **Angebot** kein Zurück gibt.

Die Zauberformel heißt *„last price"*, „Nachlässe", doch die **Spanne zwischen Augangs- und Endpreis** ist nicht allzu hoch. Übermäßige „Halsabschneiderei" findet man im Gegensatz zu manch anderem arabischen oder asiatischen Land nicht. Und überall kann man unbehelligt schauen, fragen, Preise vergleichen, ohne dass Händler aufdringlich zum Kauf animieren.

Männer und Frauen

Geschlechtertrennung Die Trennung öffentlicher Bereiche nach Geschlechtern ist allgegenwärtig. So gibt es beispielsweise in fast jedem **Restaurant** einen *„Familyroom"*, in dem nur Frauen, deren männliche Begleitung sowie natürlich Kinder speisen dürfen (aber nicht müssen). Qatarische Frauen würden sich niemals in den „normalen" Restaurantraum setzen. Viele Parks, Museen, Büchereien u.ä. haben extra Zeiten, wo nur Frauen oder Familien Einlass finden.

Strikt **nur für Frauen** dagegen sind die *„Ladies Branch"*, beispielsweise in einigen Banken oder

Poststellen. Diese Frauen- und Familienbereiche sind nicht als „Verbannung" oder „Pflicht" anzusehen, sondern als „Recht". Hier haben Frauen den Anspruch, unter sich zu sein und sich nicht dort aufhalten zu müssen, wo auch nicht zu ihnen gehörende Männer sind. Europäerinnen können diese Frauenbereiche annehmen, sie müssen aber nicht.

Als Mann Männer sollten darauf achten, **keine arabische Frau in Verlegenheit zu bringen.** Langes, offensichtliches Anstarren, Ansprechen oder gar absichtliches Berühren können erheblichen Ärger mit sich bringen, denn „Mann" entehrt damit nicht „nur" die Frau, sondern auch – und das ist viel schlimmer – ihre gesamte Familie.

Als Frau **Touristinnen** sollten „offene" oder „einladende" Blicke vorsichtig dosieren, da einheimische Männer das (sehr!) schnell als Flirt oder Anmache interpretieren können.

Als Frau kann man in Qatar problemlos und ohne größere Belästigungen **allein herumreisen** – wenn man sich gewissen landesüblichen Sitten anpasst. Natürlich sollten Frauen sich körperbedeckt und gepflegt kleiden sowie zurückhaltend, aber durchaus selbstbewusst auftreten.

Frauen sollten sich aber immer bewusst sein, dass arabische Frauen niemals ohne männliche Begleitung reisen würden und dass eine alleinreisende Frau daher deren Gesellschaftsnormen sprengt.

Anmachen gibt es immer wieder, sie spielen sich aber in nett-verpackten Gesprächen oder in Form von Fragen nach dem Hotelzimmer o.ä. ab. Sehr beliebt ist auch das Fallen- oder Liegenlassen eines Zettels mit der Telefonnummer. Das größte Risiko, in eindeutig-zweideutiger Weise angesprochen zu werden, besteht in Bars (wie auch sonst überall auf der Welt).

Mann und Frau **Zärtlichkeiten** zwischen Mann und Frau sollten in der Öffentlichkeit höchstens in Form von Händchenhalten ausgetauscht werden.

> **Literaturtipp:**
> - *Christine Pollok:* **Kulturschock Islam.** REISE KNOW-HOW Verlag Peter Rump.
> - **Islam Verstehen:** Sympathie-Magazin vom Studienkreis für Tourismus und Entwicklung e.V., 82541 Münsig.
> - *Peter Heine:* **Kulturknigge für Nichtmuslime.** Ein Ratgeber für alle Bereiche des Alltags. Herder-Verlag.

Verkehrsmittel

Taxi

Die praktischsten und wichtigsten öffentlichen Verkehrsmittel für Urlauber sind Taxen.

Die meisten **Taxifahrer** sind Gastarbeiter, sie sprechen recht gut Englisch und kennen sich zumindest einigermaßen aus. Oft können sie nicht lesen, so dass sie mit Straßenschildern, vorgelegten Stadtplänen oder notierten Adressen nichts anfangen können. Daher kann es hilfreich sein, einen in der Nähe des **Wunschziels** gelegenen Orientierungspunkt zu nennen (Stadtteil, Hotel, Brücke, Einkaufszentrum, markantes Bauwerk etc.). Hotels, große Firmen oder Kaufhäuser zu finden ist meist kein Problem, aber bei kleineren Restaurants oder Büros könnte es etwas länger dauern. Ortsangaben in diesem Buch sind meist so geschrieben, dass ein Taxifahrer damit etwas anfangen können sollte.

Von hinten kommend, sind **Taxen** oft durch ihr dauerndes Hupen gut zu erkennen. Für potenzielle Kunden prima, für nachfolgende Autofahrer Vorsicht: Taxifahrer halten überall und plötzlich!

Qatarische Taxen sind durch ihre orange-weiße Lackierung unübersehbar und alle Wagen sind mit Taxameter ausgestattet. Die **Preise** sind abhängig davon, ob man innerhalb oder außerhalb Dohas fährt, ob man tags oder nachts fährt und ob der

VERKEHRSMITTEL

Fahrer warten soll, während man etwas besorgt (ca. 10 Min. sind aber immer ok). Vom Flughafen ins Stadtzentrum von Doha kostet eine Fahrt ca. 30 QR, und die meisten Stadtfahrten in Doha liegen im Bereich von 8-15 QR.

9,60 €

Mietwagen In Doha kann man bei einer Vielzahl von großen und internationalen **Mietwagenfirmen** oder von lokalen Agenturen ein Auto mieten. Alle großen Hotels, aber auch einige kleinere Häuser vermitteln Leihwagen. Praktisch: Alle Flughafenfilialen sind 7 Wochentage rund um die Uhr geöffnet.

Um einen Mietwagen fahren zu dürfen, muss man mindestens 21 Jahre alt sein; wenn man einen Allradwagen (engl. *4 Wheel Drive,* Abk. *4WD*) steuern möchte, beträgt das Mindestalter 25 Jahre. Stets muss man den internationalen Führerschein vorlegen (der aber nur in Verbindung mit dem nationalen Führerschein gilt, diesen also auch mitnehmen).

Man darf nur 7 Tage mit dem internationalen Führerschein fahren, darüber hinaus braucht man

VERKEHRSMITTEL

eine temporäre **qatarische Fahrerlaubnis,** die bis zu 6 Monaten gültig sein kann. Die Formalitäten erledigen die Mietwagenagenturen innerhalb eines Arbeitstages, man muss 2 Passfotos, 150 QR, den Reisepass und einen besonderen, in Arabisch verfassten Brief eines Sponsors (z. B. Hotel, einheimischer Reiseveranstalter...) vorlegen.

Am einfachsten sind Offerten, die es erlauben, eine unbegrenzte Kilometerzahl (engl. *Unlimited Mileage*) zu fahren. Die meisten Mietverträge sind inklusive **Vollkaskoversicherung,** allerdings mit Selbstbeteiligung. Diese kann durch den Abschluss einer Zusatzversicherung (*Conclusion Damage Waiver,* Abk. *CDW*) ausgeschlossen werden. Eine zusätzliche persönliche **Unfallversicherung** (engl. *Personal Accident Insurance,* Abk. *PAI*) ist überflüssig, wenn man zu Hause eine Unfallversicherung besitzt.

Vor Fahrtantritt muss man zumeist eine **Kaution** von mindestens 500 QR (je nach Wagentyp) hinterlegen. Sie kann entfallen, wenn man mit Kreditkarte zahlt.

Die **Wagen sind ausgestattet** mit Klimaanlage, einem Radio-Kassettengerät, Bordwerkzeug und einem Ersatzrad.

Wer möchte, kann sich auch einen **Wagen samt Chauffeur** mieten.

Preiswertester Wagen ohne Allradantrieb Tagesbasispreis ab 120 QR, Wochenbasis ab 650 QR. Auch bei Mietwagen lässt sich über die **Preise** reden. Vor allem bei längerer Mietdauer (ab einer Woche) kann man gut handeln. Die Preise bei den lokalen Autovermietern sind günstiger als die der internationalen Firmen. Wer bei erstgenannten einen Mietvertrag unterschreibt, sollte kritisch prüfen, ob die Versicherungssummen ausreichend sind.

Droschke in Dohas Bida-Park

VERKEHRSMITTEL

Unfall Nach einem Unfall sollte in jedem Fall die **Polizei** eingeschaltet werden – auch wenn sich nur ein Blechschaden ereignet hat! Nach Möglichkeit sollten alle beteiligten Autos genau wie nach dem Crash stehen bleiben, auch wenn die ganze Straße blockiert wird. Die Polizei fertigt ein Unfallprotokoll an, ohne das keine Reparatur möglich ist und ohne das die Versicherungen nichts zahlen. Wer mit einem beschädigten Wagen durch die Straßen fährt, wird evtl. von der Polizei gestoppt und nach einer Kopie dieses Unfallberichts gefragt.
- **Verkehrspolizei in Doha:** Tel. 4 86 80 00

Verkehrssituation in Qatar Qatar ist **bestens auf den Autoverkehr eingestellt.** Breite Straßen und begrünte Stadtautobahnen durchschneiden Doha, und Schnellstraßen (engl. *highways*) ziehen sich durch das Landesinnere. Die Beschilderung ist sehr gut und zweisprachig in Arabisch und Englisch.

In Qatar herrscht **Rechtsverkehr,** und es besteht **Anschnallpflicht.** Wer seinen Wagen **falsch parkt,** muss mit einer Reifenkralle und einem Ticket rechnen.

Innerorts ist die **Höchstgeschwindigkeit** meist ausgeschildert, wenn nicht, gilt 50 km/h, auf mehrspurigen Schnellstraßen und den Ringstraßen meist 80 oder 100 km/h. Radarkontrollen sind häufig und die Strafen für zu schnelles Fahren saftig (sprich 500 QR).

Für Selbstfahrer etwas gewöhnungsbedürftig sind die **Kreisverkehre** (engl. *roundabout*, Abk.: *R/A*). Eine wichtige Verkehrsregel lautet, dass Wagen im Kreisverkehr immer (!!!) Vorfahrt haben, auch wenn sie auf der innersten Spur sind. Man sollte also nur in einen Kreisel einfahren, wenn alle(!) Fahrspuren frei sind. Nach unserem ordentlich-europäischen Verkehrsdenken sollte es so sein, dass die rechte Kreiselspur von Rechtsabbiegern, die linke von Linksabbiegern und die mittlere von Geradeausfahrern benutzt wird. Doch in der qatarischen Realität muss man vor jeder Ausfahrt damit rechnen, dass Autos von der inneren Spur ausscheren und den Kreisel verlassen. Ebenso sollte man einkalkulieren, dass Wagen der äußersten Spur den Kreisverkehr nicht verlassen, sondern geradeaus weiterfahren – all dies oftmals ohne zu blinken und in einem Affentempo.

Gerade auf **Dohas Corniche** kann es jederzeit sein, dass die Straße wegen eines Emir- oder Ministerkonvois gesperrt ist. Doch, nicht nervös werden, der Spuk ist meist schnell vorbei.

Außerorts sollte man höchstens 120 km/h fahren und sich genau an Geschwindigkeitsbegrenzungen halten. Insbesondere auf Fernstraßen kann es theoretisch sein, dass plötzlich ein **Kamel auf der Straße** steht. Eine Kollision geht selten glimpflich aus, meist sind die Insassen schwer verletzt und das Auto stark beschädigt. Hinzu kommt, dass Kamele – insbesondere Rennkamele und trächtige Muttertiere – sehr wertvoll sind, nicht nur in materieller Hinsicht. So gesellen sich zu möglichen Verletzungen, einem kaputten Auto und den Geldforderungen des Kamelbesitzers (der Wert von so manchem Kamel kann das Durchschnittsjahreseinkommen eines deutschen Staatsbürgers leicht übersteigen) der Zorn des Kamelbesitzers darüber, dass eines seiner hoch angesehenen Tiere verletzt oder gar getötet wurde.

Versicherungen

Reiseversicherungen

Am unkompliziertesten ist es, gleich mit der Reisebuchung eines der von den Reiseveranstaltern angebotenen **Versicherungspakete** abzuschließen. Ein solches umfaßt Kranken-, Unfall-, Gepäck- und Haftpflicht-Versicherungen. Dabei kommt es aber nicht selten zu unnötigen Doppelversicherungen, z.B. wenn man schon unfall- und haftpflichtversichert ist, denn diese Policen gelten weltweit, zumindest einen gewissen Zeitraum, den eine gewöhnliche Urlaubsreise jedoch selten übersteigt.

Günstiger ist in solchen Fällen der gezielte Abschluß einzelner Policen, z.B. bei freien Versicherungsmaklern.

Besitzer von **Kreditkarten,** zu deren Serviceleistungen je nach Karte auch ein Versicherungspaket gehört, sollten sich vor Abreise die Versicherungsbedingungen (ggfs. anfordern) genau durchlesen, denn viele beinhalten zumindest eine Auslandsreise-Krankenversicherung.

Auslandsreise-Krankenversicherung

Die **gesetzlichen Krankenkassen** in Deutschland erstatten die Kosten für Erkrankungen nur in den Ländern, mit denen ein Sozialabkommen besteht (meist nur europäische Länder). Deshalb ist es besser, vor einer Fernreise eine zusätzliche Auslandsreise-Krankenversicherung abzuschließen.

Im Krankheitsfall muss man zunächst alle Kosten aus der eigenen Reisekasse zahlen. Zu Hause kann man dann innerhalb einer bestimmten Frist diese Aufwendungen von der Versicherung zurückfordern – allerdings nur, wenn man eine **detaillierte Rechnung** (Name des Arztes und des Patienten, Krankheitsbefund, erbrachte medizinische Leistungen und deren Kosten, Datum, Unterschrift des Arztes) vorlegen kann.

Die Erstattung der Kosten für einen **Krankenrücktransport** ist sehr wichtig, denn die Krankenkassen tragen auch diese hohen Kosten nicht. Am günstigsten ist es, man unterschreibt einen Versicherungsvertrag, der die Kostenerstattung schon dann enthält, wenn der im Ausland behandelnde Arzt den Rücktransport als „medizinisch sinnvoll" (nicht als „medizinisch notwendig") anordnet.

Auslandsreise-Krankenversicherungen gibt es schon ab einem **Jahresbeitrag** von unter 10,23 € (20 DM).

VERSICHERUNGEN

Reisegepäckversicherung

Eine Reisegepäckversicherung bewahrt vor finanziellem Schaden durch Verlust, Zerstörung oder Beschädigung des persönlichen Reisegepäcks und das der mitreisenden Familienangehörigen durch Dritte. Versichert ist der Zeitwert der mitgeführten Sachen. Um ihn im **Schadensfall** auch zu kennen, ist es ratsam, vor der Reise eine Gepäckliste aufzustellen und diese zu Hause zu lassen; Kaufquittungen sind unbedingt aufzubewahren.

Allzu große Sorglosigkeit sollte bei den Versicherten allerdings nicht aufkommen, denn bei „grob fahrlässigem Verhalten" besteht **kein Schutz** – eine Formulierung, auf die sich die Versicherer gerne berufen und die so manchen Schadensfall vor Gericht enden lässt.

Teurer Schmuck oder eine wertvolle Foto- bzw. Filmausrüstung sind in der Reisegepäckversicherung nicht miteingeschlossen. Eine **Zusatzversicherung** lohnt sich wegen der sehr hohen Beiträge selten.

Insolvenzsicherung

Das deutsche Reisevertragsgesetz verlangt, dass dem Reisenden durch Vorlage eines **Sicherungsscheins** nachgewiesen werden muss, dass die Risiken einer Zahlungsunfähigkeit des Reiseveranstalters abgesichert sind. Fällt die gesamte Reise wegen Konkurs aus, so bekommt der Kunde den gesamten bereits gezahlten Reisepreis bzw. die eventuellen Mehrkosten für einen besonderen Rücktransport vom Urlaubsort vom Träger dieser Insolvenzsicherung zurückerstattet.

Dieses Recht hat aber nur einen Nutzen, wenn man den Sicherungsschein auch wirklich ausgehändigt bekommt. Man sollte darauf achten, ihn bereits mit der Reisebestätigung zu erhalten.

Reiserücktrittskostenversicherung

Reist man mit einer organisierten Gruppe über einen Reiseveranstalter nach Qatar, so kann man eine Reiserücktrittskostenversicherung abschließen

In Anbetracht der relativ hohen Kosten sind die **Bedingungen** hierfür genau zu studieren. Nur in speziellen Fällen zahlt die Versicherung bei Nichtantritt einer Reise oder eines unfreiwilligen Abbruchs tatsächlich.

Zeitverschiebung

Qatar ist der deutschen Zeit in der **Winterzeit** um zwei Stunden, während der **Sommerzeit** um eine Stunde voraus.

Zollbestimmungen

Einfuhr nach Qatar

Nach Qatar dürfen Sie zwei Stangen **Zigaretten** einführen. Die Ein- und Ausfuhr von **Devisen** oder der Landeswährungen unterliegt keiner Beschränkung. Auch der **persönliche Reisebedarf** inklusive Computer, Tonbandgerät, Handy, Foto- und Videokamera darf problemlos eingeführt werden. Videokassetten und Zeitschriften werden evtl. geprüft. Zeigen sie freizügige Abbildungen, so können sie beschlagnahmt werden.

Die Einfuhr von **Alkohol** ist verboten, er wird konfisziert. Wenn man sich eine Quittung (engl. *receipt, alcohol-receipt*) ausstellen lässt, kann man sich die verbotenen Tröpfchen bei der Ausreise wieder aushändigen lassen – allerdings wird der Alkohol nur maximal 14 Tage aufgehoben. **Pornografische Artikel, Falschgeld, Drogen und Waffen** dürfen nicht ins Land gebracht werden.

Der Pool im Innenhof des Dana-Clubs

ZOLLBESTIMMUNGEN

Einfuhr in die EU

Die Mitgliedsstaaten der Europäischen Union erlauben bei der Einreise aus allen Nicht-EU-Staaten **die zoll- und umsatzsteuerfreie Einfuhr** der folgenden Waren:

- 200 Zigaretten oder 100 Zigarillos oder 50 Zigarren oder 250 Gramm Rauchtabak
- Ein Liter Spirituosen mit einem Alkoholgehalt über 22% oder zwei Liter mit einem Alkoholgehalt unter 22%
- 500 Gramm Röstkaffee oder 200 Gramm löslicher Kaffee
- 50 Gramm Parfum und 0,25 Liter Eau de Toilette
- Urlaubsmitbringsel im Wert von 179 € (350 DM), ausgenommen Goldlegierungen und -plattierungen, ungearbeitet oder halbverarbeitet. Nicht abgabenfrei ist auch eine unteilbare Ware (z.B. ein Schmuck- oder Kleidungsstück), die diese Wertgrenze übersteigt. Darauf entfallen Einfuhrabgaben vom vollen Wert.
- Die Einfuhr gefälschter Markenprodukte (engl. *fake*) ist verboten.

Die aus dem Heimatland in den Urlaub mitgenommenen **Waren des persönlichen Bedarfs** unterliegen keinen mengen- oder wertmäßigen Einfuhrbeschränkungen.

LAND UND LEUTE

Land und Leute

Geografie

Lage und Größe

Qatar ist ein eigenständiger Staat **im Nordosten der Arabischen Halbinsel,** am Südufer des Persisch-Arabischen Golfes gelegen. Das Land bildet eine Halbinsel, die wie ein abgespreizter Daumen vom Festlandblock der Arabischen Halbinsel in den Golf hineinragt und so von drei Seiten von Meer umgeben ist.

Qatar misst knapp **11.500 km²** und ist damit etwa halb so groß wie Hessen. Von der Festlandbrücke im Süden bis zur äußersten Nordspitze sind es etwa 180 km. An seiner breitesten Stelle auf Höhe der Hauptstadt Doha ist das Land etwa 80 km breit.

Festlandsgrenzen hat Qatar im Südwesten mit **Saudi-Arabien** und im Südosten mit den **Vereinigten Arabischen Emiraten.** Allerdings erhielt Saudi-Arabien von den V.A.E. in einem Geheimvertrag einen Zugang zum südlichen Golf in Form eines 10 km breiten Landstreifens zugesprochen, womit das saudische Königreich einziger Landanrainer Qatars ist. Im Nordwesten liegt der Inselstaat **Bahrain.**

Landschaft

Geröll- und Kieswüste dominiert die Halbinsel, im Süden türmen sich bis zu 40 Meter hohe Sanddünen auf. Im äußersten Südosten schneidet die ca. 20 km tiefe Meereslagune Khor Udaid das Binnenland ein.

Im Westen des Landes verläuft auf ca. 50 km Länge die **Hügelkette des Jebel Dukhan,** deren höchster Punkt 110 Meter erreicht.

Korallenriffe umzäunen die Halbinsel wie eine Mauer und lassen nur an wenigen Stellen natürliche Zugänge für flach liegende Boote. Zur Anlage von Tiefseehäfen mussten Fahrrinnen aus den Riffen gesprengt werden.

Flora und Fauna

Klima — Seit einer in vorgeschichtlicher Zeit liegenden Klimaverschiebung gehört Qatar **zu den regen- und wasserärmsten Ländern der Erde,** wo Menschen jahrhundertelang nur schwer eine Existenzgrundlage fanden.

Das Klima in Qatar ist **subtropisch und heiß.** Regen fällt sehr selten, meist nur wenige Tage pro Jahr in den Wintermonaten.

Die Monate von Oktober bis April werden zum **Winter** gerechnet. Während dieser Zeit herrschen Tagestemperaturen zwischen 25 und 35 °C. In Küstennähe sorgt meist eine frische Meeresbrise für Kühlung.

Der von Mai bis September dauernde **Sommer** wird mit seinen Höchsttemperaturen von 35 bis 45 °C als unerträglich heiß empfunden.

Die **Luftfeuchtigkeit** kann auf Werte von über 80 Prozent steigen, im Sommer ist sie niedriger als im Winter.

Flora und Fauna

Pflanzen

Trockenpflanzen — Da Qatar ein **wüstenhaftes Land** ohne Dauerflüsse, Seen oder größere unterirdische Wasservorkommen sind, fällt der Artenreichtum eher überschaubar aus.

Die meisten Pflanzen sind Trockenpflanzen, die sich ihr Überleben durch Maßnahmen zum **Wassersparen** und **große Saugfähigkeit** sichern. Selbst wenn es jahrelang nicht geregnet hat, sind sie anzutreffen. Nach einem Regenschauer sprießen aus dem so unfruchtbar wirkenden Wüstenboden sogleich Steppengräser und Blumen, die oft schon nach Stunden, spätestens aber nach Tagen wieder verdorren. Ihre Wurzeln und Samen werden konserviert, um nach den nächsten Nie-

Die kühle Brise

In vergangenen Zeiten, als Ventilatoren und Klimaanlagen noch nicht bekannt waren, wurden Häuser mit Windtürmen (arab. *barjeel*) erbaut. Die *barjeel* sind nach allen vier Seiten geöffnet, um jede noch so laue Brise einfangen und in das Haus leiten zu können. Im Inneren trennt eine X-förmige Mauer die einzelnen Öffnungen voneinander. Dadurch wird verhindert, dass der Wind geradewegs durch den Turm durchzieht. Diese Konstruktion ermöglicht es auch, dass auf der einen Seite kühle Luft ein- und auf der anderen warme Luft ausströmt. Im Winter konnte der Turm mit Brettern verschlossen werden

Der Ursprung der Windtürme liegt im Südiran. Zu Beginn des 20. Jahrhunderts wurde diese Technik von zugewanderten Händlern aus Persien „eingeführt". Heute sorgen elektronische Klimaanlagen für Kühlung, so dass die letzten nicht verfallenen *barjeel* meist nur noch als Taubenschlag attraktiv sind.

Traditionelles Windturmhaus im Souq al-Najada

Windturm

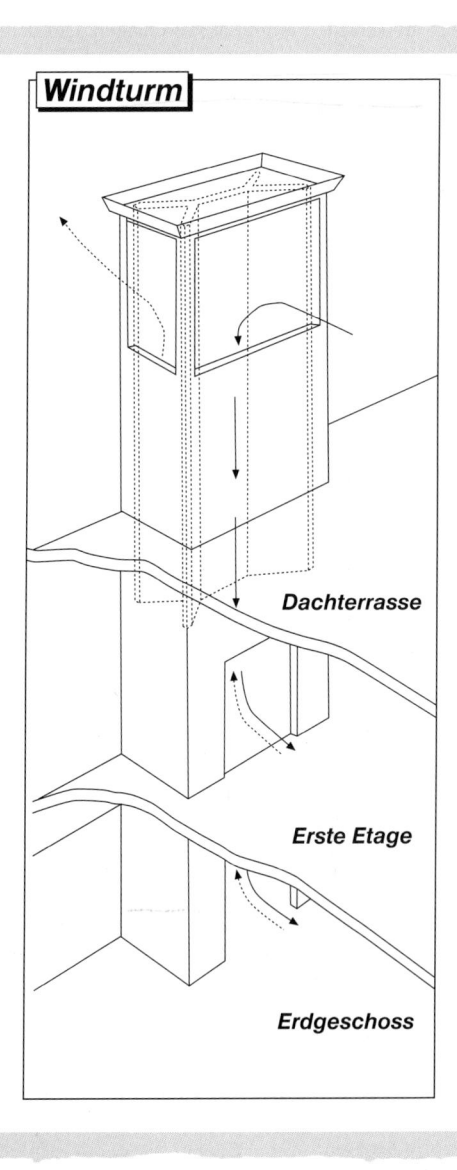

Dachterrasse

Erste Etage

Erdgeschoss

FLORA UND FAUNA

derschlägen erneut auszuschlagen. Um der Verdunstung Einhalt zu gebieten, sind kleine Blattflächen charakteristisch.

Salz — Viele Pflanzen müssen nicht nur widerstandsfähig gegen Dürre, sondern **salzresistent** sein, denn weite Gebiete weisen als Standortbedingung salzhaltiges Wasser und salzhaltige Erde auf.

Parks — Im Bereich der Stadtflächen von Doha finden sich in den zahlreichen Parkanlagen und Grünstreifen entlang der Straßen **Bäume und Blütensträucher aus aller Welt.** Die meisten Bäume sind jedoch Palmen verschiedener Sorten.

Literaturtipp:
● *Elizabeth Collars, Andrew Taylor:* **Gulf Landscapes.** Motivate Publishing London.

Tiere

Großtiere — Großtiere wie **Gazellen- und Antilopen, Wildschafe und Hyänen** sind auf Grund des Wassermangels seit jeher selten in Qatar. Die bekannteste Gazellenart, die einst die Halbinsel bewohnte, heute aber nur noch im Shahaniya Park und im Zoo von Doha lebt, ist die **Oryx** (siehe Exkurs „Die Königin der Wüste").

Kleintiere — Kleintiere wie **Igel, Hasen, Kaninchen, Springmäuse, Fledermäuse, Stachelschweine, Mungos** sowie **Amphibien und Reptilien** findet man häufig. Ebenfalls artenreich sind **Insekten und Spinnentiere**, von denen viele sich auf das Überleben in der Wüste spezialisiert haben.

Vögel — **Heimische Vogelarten** gibt es etwa dreißig, doch während der Winter- und Frühlingszeit legen Scharen von **Zugvögeln** auf ihrer Flugroute zwischen Europa/Asien und Afrika einen Stopover in Qatar ein.

Die Braut des Meeres

Arous al-Bahr, „Braut des Meeres", nennen die Araber ein seltenes Tier, das in den Gewässern des Golfes lebt. *Dugong dugon* lautet der wissenschaftliche Name dieser indo-pazifischen Seekuh-Art (wissenschaftliche Ordnung: Sirenia), im allgemeinen Sprachgebrauch hat sich die Bezeichnung *Dugong* eingebürgert.

Fantasievolle Erzählungen von einsamen Seemännern verwandeln das scheue, graue Tier in eine liebreizende Meerjungfer.

Der Persisch-Arabische Golf beherbergt die zweitgrößte Dugong-Population der Welt mit schätzungsweise 4000 bis 5000 Exemplaren – nur in Australien leben noch mehr dieser Tiere.

Dugongs sind wie Wale, Delfine und Menschen Säugetiere. Mit den Menschen teilen sie weitere Gemeinsamkeiten im Bau des Skeletts (z.B. fünf Mittelhandknochen), sie sind ebenfalls Lungenatmer und gebären ihre Nachkommen lebend. Dugongs haben einen spindelförmigen, bis zu drei Meter langen Körper. Sie wiegen zwischen 400 und 600 Kilo und können über 70 Jahre alt werden.

Die Tiere verfügen über ein ausgeprägtes Sozialverhalten. Sie können Herden von bis zu hundert Tieren formieren, kommen aber meist in kleineren Gruppen bis zu zehn Tieren vor und gehen auch einzeln auf die Futtersuche. Die Zusammenstellung wechselt oft, doch stets schwimmen kräftige Männchen am Beginn und an den Außenseiten der Herde. Sie verständigen sich untereinander mit Pfeifsignalen.

Dugongs sind ausschließlich Pflanzenfresser. Am liebsten weiden sie Seegras der Familien *Potomogetonaceae* und *Hydrocharitaceae* ab, das auf sandigem Grund in zwei bis fünf Meter Wassertiefe wächst. Entsprechend dem Nahrungsvorkommen leben Dugongs in Flachwasserzonen, selten tiefer als zehn Meter.

Tipp:
- Für Vogelfreunde lohnt eine Erkundung der qatarischen Inlandlagune Khor Udaid (siehe „Ausflugsziele") sowie ein virtueller Besuch der Website www.geocities.com/Yosemite/5267/.

Meerestiere

Die Gewässer des Golfes bergen reiche Fischgründe, bis zu 45 verschiedene Arten von **Fischen und Krustentieren** finden sich auf den Fischmärkten. Meeresschildkröten, wie die Grünen Meeresschildkröten, leben zwar ebenfalls hier, doch zum Brüten bevorzugen sie einsamere Küstenabschnitte im Indischen Ozean. Auch Meeressäuger wie **Pottwale, Delfine** und die äußerst seltenen **Seekühe** (siehe Exkurs „Die Braut des Meeres") durchziehen die Gewässer.

Literaturtipp:
- *Marycke Jongbloed:* **The Living Desert.** Motivate Publishing London.
- *Frances Dipper and Tony Woodward:* **The Living Seas.** Motivate Publishing London.
- *Christian Gross:* **Mammals of the Southern Gulf.** Motivate Publishing London.

Internet:
- http://www.arabianwildlife.com (Online-Version des „Arabian Wildlife Magazin", Informationen und Links zum Tierleben, auch Buch-, Fotografier- und Zeitschriftentipps, Links)

Geschichte

Zeugnisse der Vorzeit

Steinzeit

In der Steinzeit (60.000-5000 v.Chr.) durchzogen **Jäger und Sammler** das Gebiet der qatarischen Halbinsel. Einer sesshaften Agrargesellschaft bot sich allerdings infolge der zunehmenden Trockenheit keine Lebensgrundlage: Weisen zahlreiche Artefakte der Altsteinzeit auf eine üppige Vegetation und Wildreichtum hin, so verließen in der Kupfersteinzeit (5000-3000 v.Chr.) wegen **einsetzender Wüstenhaftigkeit** fast alle Bewohner das Land.

Funde aus der Jungsteinzeit weisen auf Verbindungen zu den Hochkulturen in Mesopotamien und in benachbarten Golfgebieten hin. Im 3. Jahrtausend vor unserer Zeitrechnung reichten **Handelsbeziehungen** bis ins Industal.

Im Schatten der Historie

Besiedlung Knapp 5000 Jahre, bis etwa 1760 n.Chr., war Qatar **nur sporadisch besiedelt.** In der wüstenhaften und wasserlosen Einöde bestand keinerlei Möglichkeit zum Anlegen von Bewässerungskulturen, dauerhafte Siedlungen hatten einen schweren Stand.

Im vierten Jahrhundert v.Chr. erkundete ein Kommandeur *Alexanders des Großen* die Golfregion, worauf sich mehrere **griechische Siedlungen** entwickelten, eine davon vermutlich im Norden Qatars.

Der Islam Im Jahr 628 schickte der **Prophet Muhammad** (siehe „Islam") einen Gesandten des damals herrschenden Königs *Al-Munzir bin Sawa al-Munzir* nach Qatar, um die wenigen Bewohner zum Islam zu bekehren.

Im 10. und 11. Jahrhundert entstand an der Westküste die **frühislamische Siedlung** Murwab. Es gab etwa hundert Häuser, die einen befestigten Palast umstanden.

Am Rand großer Reiche Trotz der wichtigen strategischen Position des Golfes als Schiffsstraße zu den Märkten Persiens und Indiens (Entdeckung des Seeweges nach Indien 1498 durch den Portugiesen *Vasco da Gama*) lag Qatar meist im Schatten großer Reiche. Das Weltreich der **Osmanen,** das zwischen dem 15. und 17. Jahrhunderts in der Golfregion Fuß fasste, schloss zwar eine Allianz mit Qatar, aber faktisch waren die Türken nicht präsent. Das Königreich von **Hormuz,** das Anfang des 16. Jahrhunderts von den Portugiesen besetzt wurde, war nicht an der Wüstenhalbinsel interessiert. Ähnlich ging es den **Portugiesen,** die bis Mitte des 17. Jahrhunderts in der gesamten Golfregion Garnisonen und Handelsstützpunkte errichteten, Qatar aber ausließen.

Fernhandel Die umfangreichsten Zeugnisse früher Besiedlung in Qatar stammen aus dem 17. und aus dem frühen 18. Jahrhundert. Am **Indienhandel** beteiligte Seefahrer legten an verschiedenen Stellen der Nordküste Handelsplätze an. Chinesische Porzellanscherben belegen einen Güterverkehr auch mit **Ostasien.** Diese Siedlungen wurden allerdings schnell wieder aufgegeben und verfielen zu Schutt. Nicht ein einziges bedeutendes Bauwerk aus der Zeit vor Mitte des 18. Jahrhunderts ist heute in Qatar zu finden.

Beduinen Überwiegend **Beduinen** bewohnten das Land in ihren schwarzen Zelten. Die einzigen festen Siedlungen waren ein paar kleine Küstendörfer, in denen die Menschen als Fischer, Perlentaucher, Handwerker oder Händler arbeiteten. Doch auch diese wurden immer wieder saisonal verlassen, da Familien ihre Kamele bepackten und in die Wüste oder eine Oase zogen.

Al-Thani-Dynastie

Einwanderer Die ruhigen Tage Qatars endeten Mitte des 18. Jahrhunderts. Um 1760 wanderten Beduinen vom Stamm der Bani Tamim, unter ihnen die Familie **Al-Thani,** aus dem ostarabischen Binnenland in den Nordwesten Qatars ein.

Wenige Jahre später ließen sich auch die Sippe der **Al-Khalifa** – die zum Verband der Anizah und zum Unterstamm der Bani Utub gehörten – und weitere Zuwanderer aus der Bucht von Kuwait an

Liste der Landesherren Qatars

- **Shaikh Thani bin Muhammad bin Thamir bin Ali:** Stammvater der Al-Thani-Dynastie, die seit Anfang des 19. Jahrhunderts im Gebiet des heutigen Doha ansässig ist.
- **Shaikh Muhammad bin Thani al-Thani** (1850-1878): Sohn des *Shaikh Thani*, festigte die Macht an der Ostküste.
- **Shaikh Qassim bin Muhammad al-Thani** (1878-1913): Sohn des *Shaikh Muhammad*, regierte das Land unter osmanischen Besatzern.
- **Shaikh Abdullah bin Qassim al-Thani** (1913-1949): Sohn des *Shaikh Qassim*, unter seiner Regentschaft wurde Großbritannien zur Schutzmacht.
- **Shaikh Hamad bin Abdullah al-Thani** (1940-1948): Sohn des *Shaikh Abdullah*, als Thronfolger repräsentierte er oft seinen Vater. *Hamad* starb zur Lebzeit seines Vaters, weswegen dieser 1949 seinen Sohn *Ali* ins Amt rief.
- **Shaikh Ali bin Abdullah al-Thani** (1949-1960): Sohn des *Shaikh Abdullah*, kam 1949 nach dem Tod seines Vaters und seines Bruders *Hamad* an die Macht und nahm die ersten Petrodollar ein.
- **Shaikh Ahamd bin Ali bin Abdullah al-Thani** (1960-1972): Sohn des *Shaikh Ali*, regierte das Land bis zur Unabhängigkeit.
- **Shaikh Khalifa bin Hamad** (1972-1995): Cousin des *Shaikh Ahamd* und Sohn des bis 1948 herrschenden *Shaikh Hamad*, wurde nach der Unabhängigkeit mit dem vollen Einverständnis der Herrscherfamilie und der Bevölkerung Emir.
- **Shaikh Hamad bin Khalifa al-Thani** (seit 1995): Sohn des *Shaikh Khalifa*, setzte mit Billigung seiner Familie und des Volkes seinen Vater vom Thron ab und möchte das Land reformieren. Thronfolger ist *Hamads* dritter Sohn *Shaikh Jassem*.

der Nordwest-Küste bei Al-Zubara nieder. Dank der Marktverbindungen nach Kuwait entwickelte sich der Ort zu einem Zentrum des Perlenhandels.

Zankapfel Al-Zubara

Das nachfolgende Jahrhundert war geprägt von den **Machtkämpfen** der Al-Thani und der Al-Khalifa. Dreh- und Angelpunkt war immer wieder Al-Zubara.

1783 griffen die Al-Khalifas die im Norden gelegene **Insel Bahrain** an und annektierten sie. Viele von ihnen zogen nach Bahrain. Mit sich nahmen sie die politischen Beziehungen und Handelsverbindungen. Damit waren die Machtverhältnisse in Qatar neu geordnet. Es gab keine zentrale Macht, das Territorium teilten sich mehrere Familienfraktionen und Lokal-Shaikhs.

Weitere Unruhen

Die letzten Jahre des 18. Jahrhunderts waren ereignisreich: **Perser** und **Wahabiten** wollten Al-Zubara mehrmals einnehmen, die **Al-Khalifas** aus Bahrain kehrten zurück und gingen wieder, und auch der Sultan von **Oman** nahm Al-Zubara zeitweilig in Besitz. Zudem bedrängten Stämme der Küstengebiete der heutigen Vereinigten Arabischen Emirate, die damals als „Piratenküste" in die Geschichtsschreibung einging, unter der Führung des Shaikhs von **Abu Dhabi** die Bewohner Qatars.

Aufstieg der Al-Thanis

Anfang des 19. Jahrhunderts siedelte sich ein Teil der Al-Thanis unter Führung von **Stammesvater** *Shaikh Thani bin Muhammad bin Thamir bin Ali* in Bidda, einem heutigen Bezirk von Doha, an. Bislang kaum in Erscheinung getreten, gewannen die Al-Thani immer mehr Ansehen und brachten langsam, aber sicher die gesamte Ostküste unter ihre Kontrolle. Die **Gründung der Al-Thani-Dynastie,** die bis heute die Geschicke des Landes lenkt, wird auf das Jahr 1822 datiert.

Volle Puste

Geschichte

Erster britischer Einfluss

Qatar wenig interessant

Das Ende des 18. Jahrhunderts war gekennzeichnet von territorialen Auseinandersetzungen in der Region. Bereits seit Beginn des 17. Jahrhunderts waren die Briten am Golf präsent, denn dieses „Nadelöhr" war die wichtigste Wasserstraße nach Indien, die es zu kontrollieren galt. Die Briten als in der Golfregion führende europäische Macht hielten sich lange Zeit in Qatar zurück, denn sie betrachteten es als zu Bahrain gehörig. Für die Britische Ostindien-Kompanie stellte die Halbinsel ein Land **ohne wirtschaftliche Bedeutung** dar. Mit Ausnahme einiger Perlenbänke gab es kaum attraktive Reichtümer, und wegen der umlaufenden Korallenriffe konnten Handelsschiffe nur schwer anlegen. Qatar war das letzte Land am Golf, in dem Großbritannien seinen Einfluss durchsetzte.

Neue Kämpfe

1867 brach abermals ein offener **Streit zwischen den Al-Thani und den Al-Khalifa** aus, der in einem Sturm der Al-Thani auf Bahrain (unterstützt von Abu Dhabi) und einem blutigem Seegefecht gipfelte. Den Al-Khalifa gelang in beiden Schlachten der Sieg. Doch den Briten gingen diese Kriegereien zu weit. Sie sahen einen Jahre zuvor zwischen Großbritannien und Bahrain geschlossenen „Immer währenden Vertrag des Friedens und der Freundschaft" verletzt und setzten den herrschenden *Al-Khalifa Shaikh* kurzerhand ab.

Briten und Al-Thani

1868 rückten die Briten die im qatarischen Al-Bidda residierenden Al-Thani erstmals deutlich ins Licht der Geschichte. Sie baten das Oberhaupt *Shaikh Muhammad bin Thani al-Thani* (Sohn des Stammesvaters *Shaikh Thani*) darum, einen **Vertrag zwischen Briten und Al-Thani** zu unterzeichnen, in dem die Vorrechte der britischen Krone am Golf akzeptiert wurden und künftig Frieden gewahrt werden sollte. *Shaikh Muhammad* signierte diesen Kontrakt.

Ab diesem Datum war nicht nur klar, dass die Briten *Muhammad al-Thani* indirekt als Herrscher der Halbinsel ansahen, sondern auch, dass sie Qatar endlich als vertragswürdiges, **eigenständiges Staatsgebilde** betrachteten. Dieses Datum markiert ebenfalls den **Beginn der direkten Beziehungen** Qatars zur britischen Krone.

Osmanisches Zwischenspiel

Türkische Eroberung — **Ab 1871** eroberten Osmanen weite Teile der Golfregion, wenig später errichteten sie eine osmanische Garnison an der Ostküste Qatars. Dies geschah im Einverständnis mit dem damaligen *Shaikh Qassim bin Muhammad,* der im Austausch den türkischen Gouverneurstitel über Qatar erhielt. Doch dieser Kontrakt bescherte *Qassim* nur kurze Freude. Die **Beziehung zwischen Osmanen und Al-Thanis** war naturgemäß schlecht, nicht nur, dass die Osmanen sich quasi genau neben den Al-Thanis festsetzten und deren Macht beschnitten. Sie erpressten auch die qatarischen Stämme und nahmen hohe Angehörige gefangen.

Qatarische Hilferufe — Die Al-Thanis ersuchten **Großbritannien** zur Übernahme der Schutzherrschaft über die Halbinsel. Zur Vermeidung von Spannungen mit den Osmanen lehnten die Briten ab. Natürlich erkannten die Briten die türkische Vorherrschaft nicht an, doch es blieb bei diplomatischem Verhandlungen. Immerhin griff die osmanische Provinzverwaltung in den nächsten Jahren nicht in die Geschicke des Landes ein.

Qassim wandte sich daraufhin an die **Wahabiten,** Angehörige einer islamischen Glaubensrichtung, deren Autorität sich im Saudi-Arabischen Kernland immer mehr ausbreitete. Dies missfiel der britischen Krone, welche die wachsende Macht der Wahabiten mit Sorge betrachtete.

GESCHICHTE

Türkische Kapitulation

1913 gelang es den **Briten,** Qatar dem Einfluss der Osmanen (und der Wahabiten) zu entziehen. Bis 1916 blieb die osmanische Garnison noch besetzt, doch dann gaben die Türken ihre ohnehin nur nominelle Obrigkeit am Golf auf. Mit **Ausbruch des 1. Weltkrieges** und der Kriegserklärung der Briten blieb den Türken nur die Kapitulation.

Britische Schutzmacht

Schutzvertrag

1916 schloss Großbritannien mit dem inzwischen herrschenden *Shaikh Abdullah bin Qassim al-Thani* (Urenkel des Stammesvaters *Shaikh Thani*) einen Vertrag ab, dessen **Inhalt** sinngemäß anderen Abkommen mit anderen Shaikhtümern am Golf (außer Kuwait) entsprach, die dort bereits in der ersten Hälfte des 19. Jahrhunderts unterzeichnet worden waren. Die britische Krone sicherte Qatar Schutz zu, jedoch durften die Wüstensöhne nicht ohne Zustimmung Britanniens außenpolitisch agieren. Qatar fühlte sich in seiner Souveränität nicht allzu eingeengt, denn die wirtschaftlichen Aktivitäten waren ohnehin von geringem Ausmaß und die politischen Aktionen auf innere Stammesangelegenheiten beschränkt.

Öl statt Perlen

In den 30er Jahren des 20. Jahrhunderts kam der **Perlenhandel im Golf nahezu zum Erliegen,** denn billige japanische Zuchtperlen überschwemmten den Markt. Die folgende wirtschaftliche Not zwang viele Qataris zum Auswandern.

Die Briten bemühten sich um eine **Festlegung der Grenzen Qatars** zu seinen Nachbarn, insbesondere der Grenzverlauf zu Saudi-Arabien war heiß (und ohne Ergebnisse) diskutiert, wurden doch sowohl an Land als auch Off-Shore große Erdölvorkommen vermutet. **Erste Ölfunde** am Berg Jebel Dukhan 1939 bewiesen diese Vermutungen. Dank dieser Ölfunde war die Krisenzeit nach dem Ende des Perlenhandels in Qatar nur relativ kurz.

Qatar am Anfang des 20. Jahrhunderts

Einige Zahlen, die der britische Historiker J. G. Lorimer 1908 und 1915 gesammelt und in einer zweibändigen „Gazetteer of the Arabian Gulf" veröffentlicht hat (Gregg International Publishers Limited 1970):

In Doha gab es laut *Lorimer* 12.000 Einwohner, 50 Geschäfte im Souq, 350 Perlentaucherschiffe, 90 Fischerboote und 60 andere Schiffe.

Wakra hatte 8000 Einwohner, 75 Geschäfte und Stände eines Beduinenmarktes, 150 Perlentaucherschiffe und 20 Fischerboote.

Für den Rest der Ostküste berechnete *Lorimer* 1173 Häuser, 277 Perlentaucherschiffe, 85 Fischerboote und 55 andere Schiffe.

An der Westküste gab es drei Dörfer aus insgesamt 154 (70+80+4) Häusern. In diesen Orten existierten 40 Perlentaucherschiffe und 15 Fischerboote.

Zum Beduinenstamm der Al-Naim gehörten laut *Lorimers* Schätzung 2000 Einwohner, 600 Kamele, 1000 Schafe, 1000 Ziegen und 100 Pferde.

Der Beduinenstamm der Al-Murrah hatte laut *Lorimer* 7000 Einwohner.

Die Beduinen ordnete er in 20 Unterfraktionen ein.

Im Landesinneren veranschlagte der Historiker die Zahl von 104 Campplätzen und 123 gemauerten Brunnen.

GESCHICHTE

Das Ende — Knapp fünfzig Jahre blieb Großbritannien Schutzmacht, bis es 1968 erklärte, seine Truppen aus allen Gebieten östlich des Suezkanals binnen drei Jahren zurückzuziehen und **alle kolonialen Vorrechte und Verpflichtungen aufzugeben.**

Unabhängiges Qatar

Der Anfang — Nach der Rückzugserklärung Großbritanniens 1968 sah es zunächst so aus, als ob Qatar sich gemeinsam mit Bahrain und den Shaikhtümern der ehemaligen „Piratenküste" zu einer „Föderation Arabischer Golfstaaten" **zusammenschließen** wollte. Immerhin befanden sich Qatars Nachbarn nach dem Abzug der Briten in der gleichen Situation. Alle Fürstentümer sollten unabhängig werden, und keines von ihnen wollte sich an Saudi-Arabien binden.

Doch **Qatar** und **Bahrain** riefen ihre eigenen Staaten aus, und die sieben anderen Shaikhtümer schlossen sich zu den **„Vereinigten Arabischen Emiraten"** zusammen.

Souveränität

Am **1. September 1971** proklamierte Qatar in Übereinstimmung mit Großbritannien seine **Souveränität.** Wenige Tage später nahm Shaikh Ahmad bin Ali al-Thani den Titel „Emir" und die Staatsführung an.

Alle mit Großbritannien geschlossenen Verträge verloren ihre Gültigkeit und wurden durch einen auf Gleichberechtigung beruhenden **Freundschaftsvertrag** ersetzt. Dieses Agreement sicherte Qatar eine gewisse Kontinuität, da z.B. britische Berater weiterhin in der Verwaltung tätig blieben, Handelsbeziehungen aufrecht erhalten wurden und führende Persönlichkeiten Qatars ihre Ausbildung in England erfuhren. Noch heute ist der lange Einfluss Großbritanniens auf Qatar spürbar.

Noch im Monat der Unabhängigkeitserklärung wurde der Staat Qatar **international anerkannt** und Mitglied der Arabischen Liga sowie der Vereinten Nationen.

Literaturtipp:
- R. Said Zahlan: **The Making of the Modern Gulf States.** Ithaca Press London.

Staat

Staatsführung

Seit 1822 wird Qatar in aristrokratisch-patriarchalischer Überlieferung von der Familie *Al-Thani* geführt. Staatschef – Emir – ist **His Highness Shaikh Hamad bin Khalifa al-Thani.** *Shaikh Hamad* ist der achte Regent seines Geschlechts und übernahm die Staatsführung am 27.6.1995. 1950 geboren, ist er der jüngste Herrscher aller Golfstaaten.

Kronprinz und Thronfolger ist *Shaikh Hamads* dritter Sohn *H.H. Shaikh Jassem.* Der von *Shaikh Hamad* 1996 ernannte **Premierminister** ist sein Bruder, *H.H. Shaikh Abdullah bin Khalifa al-Thani.*

His Highness Shaikh Hamad bin Khalifa al-Thani

STAAT

Staatsorgane

Qatar ist eine **absolute Monarchie,** in der es kein Parlament und keine Parteien gibt.

Staatsorgane sind eine **beratende Versammlung** (in der jeder Qatari direkt Kontakt zum Emir und seinen Vertretern aufnehmen kann), ein **Ministerkabinett** und ein **Konsultivrat** für kommunale Angelegenheiten. Alle **Minister** – von denen die meisten den Al-Thanis angehören – werden von *H.H. Shaikh Hamad* ernannt.

Staatsgrundlage ist eine provisorische **Verfassung** von 1970. *H.H. Shaikh Hamad bin Khalifa* hat die Aufsetzung einer endgültigen Verfassung angekündigt.

Reformen

Im Zuge der von *Shaikh Hamad* eingeläuteten **Reform der Innenpolitik** trennte der Emir ein Jahr nach seinem Amtsantritt seinen eigenen Posten erstmals von dem des Premierministers. Auch die **Pressezensur** wurde aufgehoben und das Informationsministerium als Organ der staatlichen Medienkontrolle abgeschafft.

Ein weiteres wichtiges Ereignis waren die 1999 erstmals abgehaltenen Wahlen des zentralen Stadtrates von Doha. Nicht nur, dass dies der **erste demokratische Urnengang** in der Geschichte des Landes war, auch die Tatsache, dass Frauen stimmberechtigt waren und sich als Kandidatinnen aufstellen lassen konnten, ist bemerkenswert. Zu einem späteren Zeitpunkt ist die Wahl eines Parlamentes geplant.

Qatar zeigt mit alledem, dass es sich unter den arabischen Golfstaaten nicht scheut, politisch eigene Wege zu gehen.

Literaturtipp:
● *J. Crystal:* **Oil and politics in the Gulf.** Cambridge University Press, Cambridge.

WIRTSCHAFT

Wirtschaft

In der Vergangenheit: Perlenhandel

Anfänge

Jahrhundertelang gingen die Menschen in der Golfregion diesem Gewerbe nach, schon aus frühgeschichtlicher Zeit sind Überlieferungen bekannt. Schrifttafeln berichten von den Perlen der **Dilmun-Kultur,** die ab 3200 v.Chr. auf der heutigen Insel Bahrain beheimatet war und Handelsbeziehungen bis nach Indien, Mesopotamien, Meluhha und Oman pflegte. „Fischaugen" wurden die Perlen auf diesen Tontafeln genannt.

Auch zu Zeiten der **Griechen und Römer** war der Perlenhandel eine lukrative Einnahmequelle. **Koloniale Eroberungen im 16. und 17. Jahrhundert** hatten nicht nur eine Kontrolle der Schifffahrtswege, sondern auch des Perlenhandels zum Ziel.

Eine Dhau in voller Fahrt

Wirtschaft

> ### Zeitlose Schätze
>
> Qatar hat eine knapp 5000 Jahre alte Perlentauch- und Handelstradition. Perlentaucher glaubten, diese Glücksfunde seien Engelstränen, die in den Ozean gefallen sind. Für jede Form und Farbe gibt es einen eigenen Namen.
>
> Doch warum sind Perlen von einem mystischen Zauber umgeben und so beliebt?
>
> Vielleicht weil sie von einem lebenden Wesen geschaffen wurden, gut geborgen unter einer harten Schale und versteckt in der Tiefe des Meeres?
>
> Weil jede Perle anders glänzt und schimmert, weil man sein Angesicht in einer erstklassigen Naturperle mehrmals in verschiedenen Perlenschichten erblicken kann?
>
> Vielleicht weil Perlen – anders als Gold, Edelsteine oder Elfenbein – auch unbearbeitet Schmuckstücke sind?
>
> Qataris betrachten Perlen als ein Geschenk Gottes – kann es eine höhere Auszeichnung geben?

Perlenboom

Zum **Ende des 19. und Beginn des 20. Jahrhunderts** florierte der Perlenhandel wie nie zuvor. Im viktorianischen England und in Britisch-Indien wuchs die Nachfrage; Perlen und edle Perlmutt-Produkte waren in Mode, und wachsender Wohlstand machte den Erwerb solcher Luxusgüter für immer mehr Menschen möglich. In den 20er Jahren wurden führende Juweliere in Paris und New York zu wichtigen Direktabnehmern der Golfperlen, die am begehrtesten und wertvollsten waren.

Zahlreiche kleine Küstenansiedlungen der Golfregion, die teilweise nicht einmal permanent bewohnt waren, entwickelten sich zu **aufstrebenden Küstenorten.** Märkte und Häfen entstanden, Kaufleute siedelten sich an, und mit dem Export der Perlen wuchs auch der Import von Nahrungsmitteln, Gebrauchs- und Luxusgütern aus Indien.

Was unterscheidet Naturperlen von Zuchtperlen?

Zuchtperlen entstehen dadurch, dass man einer Auster einen Fremdkörper „einpflanzt", um den die Muschel dann Perlmutt bildet.

Naturperlen wachsen völlig ohne menschliches Eingreifen. Die Muschel bildet oft um einen eingedrungenen Fremdkörper herum Perlmuttschichten, aber oft sind Perlen auch durch und durch aus Perlmutt.

Eine Naturperle hat wesentlich mehr Perlmuttschichten (8-10) als eine Zuchtperle (2-3). Naturperlen sind damit auch haltbarer, sie bewahren ihre Schönheit und ihren Farbschimmer über Generationen. Zudem kann ein „Perlendoktor" eine „erkrankte" Naturperle – etwa eine spröde, gerissene oder glanzlose Oberfläche – wieder „heilen", indem er die oberste Perlschicht abschält. Bei Zuchtperlen ist dies nicht möglich.

Das war die Boomzeit des Perlenhandels in der Golfregion. 80% der weltweit gehandelten Naturperlen stammten aus den Golfgewässern. Der britische Historiker *J. G. Lorimer* schätzte, dass 1913 in Qatar 800 Schiffe und 13.000 Mann im Perlengewerbe tätig waren – das entspricht der Hälfte der Gesamtbevölkerung.

Meist wurden die Perlen nach Bahrain oder dem persischen Lingeh exportiert.

Ende der Perlenzeit Das Ende des Perlenhandels begann in den frühen 30er Jahren. Die Weltwirtschaftskrise, später dann der Zweite Weltkrieg und indische Importsanktionen brachten den Perlenabsatz ins Stocken. Die verbleibenden Märkte konnten die Japaner und Australier mit **preiswerteren Zuchtperlen** für sich gewinnen.

WIRTSCHAFT

Die Perlentaucherei in der Golfregion kam nahezu zum Erliegen. Zahlreiche Menschen **verloren ihre Existenzgrundlage,** viele wanderten aus und suchten neue Erwerbsmöglichkeiten.

Detailansicht eines Oelbohrkopfes

Motor der Moderne: Erdöl und Gas

Rettung Im Jahr 1938 wurde erstmalig in Qatar am Jebel Dukhan **Öl gefunden.** In einer Zeit, als der Perlenhandel als wichtigste Einnahmequelle des Landes zum Erliegen gekommen war, bedeuteten die Ölfunde nicht nur Glück, sondern vielmehr Rettung. Nur ein Jahr später begann die **kommerzielle Förderung** des schwarzen Goldes, doch der Ausbruch des Zweiten Weltkrieges führte vorerst zu einem Komplettstopp der Ölgewinnung.

Ölboom Erst 1949 verließ das **erste qatarische Öl** das Land. Dieses Jahr markierte den Beginn einer von Petrodollars gesegneten Boomzeit. 1953 wurde in Mesaid, an der Ostküste, die erste Ölraffinerie erbaut. 1961 trat Qatar der OPEC bei. Qatars erstes Öl quoll bei Dukhan aus der Erde, Off-Shore – also unter Meeresgrund – wurde man erst 1960 fündig.

Gesellschaftlicher Wandel **Modernisierung** hieß das Schlüsselwort: Es wurde eine Verwaltung aufgebaut, Schulen und Krankenhäuser wurden eröffnet, Straßen gebaut, Telefonleitungen verlegt und Villen errichtet.

Qatar wurde quasi **aus dem Mittelalter in die Neuzeit** katapultiert. Es setzte ein gesellschaftlicher Umbruch ein, der sozusagen alles auf den Kopf stellte. Der Wandel vom verarmten und dünn besiedelten Wüstenland zu einem Staat mit einem der höchsten Pro-Kopf-Einkommen der Welt (1998: 16.000 Dollar) scheint märchenhaft – ist aber wahr.

Gastarbeiter erreichten in Scharen das Wüstenland, und die Bevölkerungszahl schnellte um ein Vielfaches in die Höhe. Schnell überstieg die Zahl der Fremdarbeiter die der Einheimischen.

Staatliche Regie Bis 1972 *Shaikh Khalifa* die Regentschaft übernahm, befanden sich alle in Qatar tätigen Erdölgesellschaften in ausländischer Hand. Im Jahr 1973 leitete er allmählich die **Übernahme der Ölgesellschaften durch den Staat** ein. 1974 wurde die Qatar General Petroleum Corporation gegründet, die wie eine Schaltzentrale für alle internen und externen Aktivitäten der Öl- und Gasverarbeitung von der Erkundung und Bohrung über Förderung, Verarbeitung, Veredelung, Transport, Lagerung und Verkauf verantwortlich ist. Qatar wurde das erste Land der kleinen Erdölförderländer am Golf, das **zu hundert Prozent über seine Vorkommen selbst verfügte.**

Einnahmen aus dem Ölgeschäft Durch die seit Mitte der 70er Jahre des 20. Jahrhunderts ständig steigenden **Erdölpreise** wurde der Wüstenstaat immer reicher, doch phasenweise gingen die Einnahmen auch infolge der Kürzung der OPEC-Förderquoten und des Verfalls des Ölpreises zurück.

Heute stammen rund achtzig Prozent der Staatseinnahmen aus dem Erdölsektor, die **Gesamtölreserven** Qatars werden auf 3700 Millionen Barrel (1 Barrel = 159 Liter) geschätzt.

Erdgas mit Zukunft Der Reichtum der Zukunft von Qatar liegt weniger im Öl- als vielmehr im Erdgasbereich. Kraftwerke, Meerwasserentsalzungsanlagen, Schwerindustrie und andere industrielle Produktionen nutzen schon seit einigen Jahren Erdgas. Qatar hat es binnen nur weniger Jahre geschafft, sich eine **weltweit führende Rolle in der Gasverarbeitung** zu erobern.

Riesige Vorräte Das Land verfügt über die **drittgrößten Erdgasvorkommen der Erde** (nach Russland und Iran). 1/12 der Weltgasreserven vermuten Experten unter qatarischem Boden. Das keine 80 km nordöstlich des Festlandes unter dem Meeresgrund gelegene North Gas Field ist das **größte Naturgasfeld der Welt** (nachgewiesene Reserven 380.000 Milliarden Kubikfuß). 1991 begann hier die Produktion, die Ausfuhr von verflüssigtem Naturgas erfolg-

WIRTSCHAFT

> ## Gemeinsam sind wir stark – der Golfkooperationsrat
>
> 1981 unterzeichneten sechs Staaten am Golf – Qatar, Saudi-Arabien, Oman, Kuwait, Bahrain und die Vereinigten Arabischen Emirate die Gründungscharta des Gulf Cooperation Council (Abk. GCC). Oberstes Interesse ist eine enge Kooperation in der Außen-, Sicherheits- und Wirtschaftspolitik. Getreu dem Motto „Einigkeit macht stark" hofften die sechs Golfanrainer zu Beginn vornehmlich, Stärke zu gewinnen gegenüber dem Iran, das im Eifer seiner Islamischen Revolution Irak den Krieg erklärt hatte.
>
> Neben der Schaffung politischer Stabilität bildet heute die wirtschaftliche Zusammenarbeit einen wichtigen Pfeiler der GCC-Interessen. Viel Engagement wird in den Aufbau eines gemeinsamen, grenzunabhängigen Wirtschaftsmarktes, eine Art EU am Golf, gesteckt.

te erstmals 1996 und brachte im Folgejahr über 500 Millionen Dollar ein. Die weitere Erschließung verspricht Einnahmen in Schwindel erregender Höhe.

Gasgeschäft Zwei große, überwiegend in Staatsbesitz befindliche **Betriebe** sind im Gasgeschäft: Qatargas, das 1997 in Betrieb genommen wurde, und Ras-Gas, das 1999 mit dem Export von Flüssiggas und Gaskondensat begann.

Zentrum der Gasindustrie ist das im Norden des Landes gelegene Ras Laffan Industrial City. Hier gibt es u.a. eine Gasverflüssigungsanlage und das weltweit größte Exportterminal für Flüssiggas.

Die **Nachfrage** nach dem sauberen und preiswerten Erdgas wächst ständig. Industrienationen in Ostasien haben sich langfristig zur Abnahme von qatarischem Flüssiggas verpflichtet. Zukünftige Projekte sind groß angelegt und ehrgeizig. Per Rohrleitungen soll Erdgas in die V.A.E, nach Oman und später auch nach Saudi-Arabien und Kuwait geliefert werden. Auch eine Untersee-Pipeline nach Pakistan ist im Gespräch.

Internet:
- http://www.qgpc.com.qa (Qatar General Petroleum Corporation)
- http://www.qatargas.com (Qatargas)
- http://www.rasgas.com.qa (Ras-Gas)

Industrie

Industriezweige

Die qatarische Regierung hat in den letzten Jahren ein ehrgeiziges **Industrialisierungsprogramm** realisiert. Obwohl Diversifizierung der Wirtschaft ein wichtiges Staatsbestreben ist, bleibt der Sockel, auf dem alles aufbaut, die Öl- und Gasindustrie.

An **Groß- und Schwerindustrie** sind vor allem die Eisen- und Stahlindustrie, die Petrochemie, die Düngemittelindustrie, die Kunststoffproduktion und die Zementherstellung von Bedeutung.

Während die Groß- und Schwerindustrie Qatars eine Domäne des Staates bildet, ist die **Leichtindustrie** überwiegend in den Händen von Privatunternehmen. Dabei ist der Bau- und Dienstleistungssektor besonders gewinnversprechend.

Industriestädte

Nahezu alle bedeutenden Betriebe in und um die **Mesaid Industrial City** ca. 40 km südlich von Doha angesiedelt. Seit der Inbetriebnahme des ca. 65 km nördlich von Doha gelegenen Industriegebietes um **Ras Laffan** siedeln sich neue Anlagen auch dort an, vor allem Petrochemiewerke.

Zentralmarkt, Doha

Landwirtschaft und Fischerei

Landwirtschaft

Die **natürlichen Voraussetzungen** für eine landwirtschaftliche Nutzung sind in Qatar auf Grund des ariden Klimas und der Bodenbeschaffenheit recht ungünstig.

Das größte Problem und den höchsten Kostenfaktor stellt die **Bewässerung** dar. Etwa fünf Prozent der Landesfläche stehen zur künstlichen Bewässerung zur Verfügung. Nahezu das gesamte Bewässerungs- und Brauchwasser stammt aus Meerwasserentsalzungsanlagen.

Fast alle Farmen und Oasengärten sind nördlich von Doha zu finden, und alle sind in Staatsbesitz. Eine Ausweitung der Nutzflächen ist schwierig. Gewächshäuser steigern die **Produktion.** Knapp ein Prozent des Bruttoinlandproduktes stammt aus dem Landbau, keine zwei Prozent der Bevölkerung sind hier tätig.

Der Baum des Lebens

Für die Wüstenbewohner war die Nutzung der Dattelpalme (lat. *Phoenix dactylifera*) seit jeher von großer Bedeutung. Archäologische Funde erlauben den Schluss, dass Datteln schon vor 8000 Jahren ein grundlegendes Nahrungsmittel waren. Nur eine Hand voll Früchte, zusammen mit frisch gemolkener Kamel- oder Ziegenmilch, war – und ist – für viele Nomaden und Karawanenführer auf ihren langen Wüstenwanderungen die einzige Energiequelle. Auch während Perlentaucher lange Wochen auf See waren, stellten Datteln ein wertvolles und praktisches Nahrungsmittel dar.

Der Anbau von Datteln bildet die Grundlage der Oasenwirtschaft. Dattelbäume benötigen trockene Luft, viel Sonne und kontinuierlich große Mengen Wasser. Sie gedeihen aber auch mit salzhaltigem Wasser. Ein altes arabisches Sprichwort besagt, sie gehören „mit den Füßen ins Wasser und mit dem Kopf ins Feuer".

Eine gute Ernte bringen Dattelpalmen nur bei intensiver Pflege hervor. Neben regelmäßigem Wässern, Düngen und Beschneiden des Baumes sowie der weiteren Pflege der heranreifenden Früchte fällt der Bestäubung eine wichtige Rolle zu. Da die männlichen Bäume keine Datteln tragen, werden sie nicht in den Gärten angepflanzt. Die Befruchtung jedes einzelnen weiblichen Blütenstandes muss daher von Hand erfolgen und ist entsprechend arbeitsaufwändig.

Die arabische Sprache ehrt die Frucht mit über 500 Namen, und einer guten Köchin fällt es leicht, jeden Tag des Monats eine andere Dattel-Speise zu servieren.

Die Dattelpalme bringt jedoch nicht nur nahrhafte Früchte hervor. Ihr Holz war noch vor wenigen Jahren ein wichtiges Material beim Hausbau, und aus den Palmwedeln und Strünken wurden Dächer von Lehmhütten oder komplette Hütten hergestellt und Gehöfte eingezäunt. Palmen lieferten Brennmaterial, und auch zur Herstellung von alltäglichen Gebrauchsgegenständen wie Seilen, Matten, Säcken, Körben, Taschen, Kleiderständern, Kinderwiegen, Kamelsätteln, kuppelförmigen Fischreusen oder kleinen Fischerbooten sind sie von Bedeutung. Selbst abgestorbene Blätter und Dattelkerne können an Ziegen, Esel und Kamele verfüttert werden.

Wegen ihrer immensen Bedeutung wird die Dattelpalme von den Arabern als ein Geschenk Gottes angesehen (Sure 6, Vers 95) und als „Baum des Lebens" bezeichnet.

Der landwirtschaftliche Sektor ist **hoch subventioniert,** auch die Pacht von Farmland wird finanziell unterstützt. Die Betriebskosten des Landbaus in Qatar sind so hoch, dass landeseigene Produkte zum Teil teurer wären als Importe, wenn Subventionen diesen Preisunterschied nicht ausgleichen würden. Ein Großteil der landwirtschaftlichen Erzeugnisse wird eingeführt.

Fischerei Fischerei hat eine **lange Tradition** und sicherte einst die Selbstversorgung der spärlich besiedelten Küstendörfer.

In der heutigen Zeit gibt es immer noch in jedem Küstenort unzählige Fischer, doch immer mehr verlieren das Interesse an ihrem Gewerbe, locken doch viele lukrativere Verdienstmöglichkeiten. Nicht gerade förderlich ist die Tatsache, dass die Gewässer um Qatar nicht so fischreich sind, als dass eine exportorientierte Verarbeitungsindustrie aufgebaut werden könnte.

Islam

Allgemeines Die überwiegende **Mehrheit der Qataris** gehört dem Islam an. Unter den ausländischen Gastarbeitern befinden sich auch zahlreiche Hindus und Christen.

Das arabische **Wort für Islam** kann als „Heilzustand", „vollständige Hingabe", „Ergebung und Unterwerfung unter den Willen Gottes" übersetzt werden. **Muslim** bezeichnet jemanden, der den Islam ausübt, sich also Gott hingibt.

Der Islam ist eine streng **monotheistische Religion.** Es gibt nur einen Gott, der im arabischen *Allah* genannt wird, der aber derselbe Gott ist, an den auch Christen und Juden glauben. Der Name *Allah* wird abgeleitet vom arabischen *Al-Illahu*, dem „einzigen Allmächtigen".

ISLAM

Koran

Heiliges Buch

Die **wichtigsten Glaubensgrundsätze** des Islam sind im Koran („Lesung", „Verkündigung") niedergeschrieben. Er ist ein heiliges Buch und in 114 Suren (Abschnitte) unterteilt. Der Prophet *Muhammad* empfing die Inhalte als **Verkündungen Gottes** (Sure 46, Vers 2; Sure 69, Vers 43) über einen Zeitraum von 23 Jahren und verbreitete sie weiter. *Muhammad* war nicht etwa derjenige, der die Lehren des Islam entwickelte, sondern er wird als ein Gesandter Gottes angesehen (Sure 33, Vers 40; Sure 46 Vers 7ff).

Der Koran ist für Muslime das **unverfälschte und unveränderliche Wort Gottes** und besitzt absolute Autorität. Er basiert teilweise wörtlich auf dem Alten Testament, weshalb sich im Islam viele Grundideen der beiden anderen Buchreligionen, des Christentums und des Judentums, finden.

Handgeschriebener Koran

ISLAM

Inhalt — Im Koran sind neben **Glaubensaussagen, Erziehungsgrundsätzen, gesellschaftlicher Aufgabenteilung** von Mann und Frau sowie Regelungen zum **ethnischen Zusammenleben** der Glaubensgemeinschaft auch das **Staatsrecht** samt gesetzlicher Bestimmungen festgeschrieben. Er enthält auch konkrete **Grundsätze für nahezu jede Lebenslage.** Bestimmt wird beispielsweise, was Muslime essen und trinken dürfen (z.B. kein Schweinefleisch und keinen Alkohol) und dass Männer maximal vier Ehefrauen haben dürfen (was zur Zeit des Propheten *Muhammad* eine Beschränkung bedeutete).

Prophet Muhammad

Damals — Der Prophet *Muhammad* („Der Gepriesene") wurde im Jahre **570 n. Chr. geboren.** Zu dieser Zeit waren die Bewohner der Arabischen Halbinsel zum größten Teil Beduinen und streng in Stämmen organisiert. Die Ka'aba in Mekka war schon in vorislamischer Zeit ein Heiligtum der Beduinen. Allah war einer ihrer Götter, der allerdings eine nur untergeordnete Rolle spielte.

Verkündung Gottes — Im Alter von vierzig Jahren erschien *Muhammad* der **Engel Gabriel,** der ihm nach und nach die Worte Allahs, den Koran, übermittelte. Nachdem *Muhammad* begann, die neue monotheistische Religion des Islam zu verkünden, standen ihm viele Einwohner Mekkas feindselig gegenüber.

Auswanderung — **622 n. Chr.** zog Muhammad mit seinem Gefolge von Mekka nach Yathrib. Dieser „Auswanderung", der *Hijra,* wird in der islamischen Welt eine so große Bedeutung beigemessen, dass sie den **Beginn der islamischen Zeitrechnung** markiert. Yathrib wurde fortan *Medinat al-Nabi,* „die Stadt des Propheten", genannt, was sich später zu **Medina** verkürzte. Hier fand *Muhammad* schnell weitere Anhänger, und er begann, feste Regeln für das so-

Fünf Säulen des Islam

Die wichtigsten Elemente des muslimischen Glaubens und Handelns bilden die so genannten fünf Säulen des Islam.

Glaubensbekenntnis — Die erste Säule ist das Glaubensbekenntnis: *„La ilaha illa Allah, Muhammad rasul Allah"*, **„Es gibt keinen Gott außer dem einen Gott, Muhammad ist sein Gesandter"**. Der Eintritt in die muslimische Glaubensgemeinschaft (arab. *ulema*) ist irreversibel, und eine Abkehr von ihr kann nur durch den Tod eintreten.

Gebet — Die zweite Säule bildet das Gebet. Theoretisch sollte jeder Muslim **fünf Mal am Tag** zu festgesetzten Zeiten beten. Das wichtigste ist das mit einer Predigt verbundene Gebet freitagmittags. Neben diesen täglichen Gebeten gibt es noch **Freitagsgebete und Festgebete.**

Almosen — Die Almosensteuer bildet die dritte Säule. Das Geben von Spenden dient als symbolischer Beitrag, um die soziale Spannung zwischen armen und reichen Muslimen gering zu halten. Dabei unterscheidet man zwischen **freiwilligen Gaben und Pflichtalmosen.**

Pilgerfahrt — Die Pilgerfahrt **zu den heiligen Stätten in und um Mekka** bildet eine weitere wichtige Pflicht. Jeder Muslim, der dazu gesundheitlich und finanziell in der Lage ist, sollte einmal in seinem Leben an der jährlich im 12. Monat des islamischen Jahres stattfindenden Pilgerfahrt (arab. *hajj*) nach Mekka teilnehmen.

Altes und neues Minarett in Al-Khor

ISLAM 113

Land und Leute

ISLAM

Ramadan Den letzten bedeutenden Pfeiler bildet das **Fasten im heiligen Monat Ramadan** (siehe „Praktische Reisetipps, Feste und Feiertage").

Sunniten und Schiiten

Sunna Neben dem Koran bildet die vorbildliche **Lebenspraxis des Propheten Muhammad,** die *sunna* („Tradition", „Brauch"), eine weitere wichtige Quelle der Glaubensgrundlage. Sie gilt den Muslimen als die gelebte Ausdeutung der göttlichen Offenbarungen, weshalb *Muhammads* Biografie niedergeschrieben wurde. Im 9. und 10. Jahrhundert wurden daraus sechs mehrbändige Sammlungen, die *hadith* („Mitteilung"), zusammengestellt.

Die Bedeutung der Sunna ist bei den Angehörigen der **Schiiten** nicht so groß wie bei den Sunniten. **Sunniten** sehen zudem die Offenbarungen, die Gott den Menschen zukommen lassen wollte, mit dem Tod des Propheten *Muhammad* als abgeschlossen an, wohingegen nach schiitischer Auffassung noch weitere Heilige auftreten können.

Teilung der Muslime Die Teilung der Muslime in Sunniten und Schiiten geht zurück auf einen historischen **Disput um die Führung des islamischen Großreiches** nach dem Tod des Propheten *Muhammad.* Die Schiiten erkannten nur die Nachkommen des Propheten als rechtmäßige Nachfolger (arab. *khalif*) an, während die Sunniten Blutsverwandtschaft als nicht unbedingt notwendig ansahen.

Über 90% aller Muslime sind Sunniten. Die meisten Schiiten leben im **Iran,** und auch in **Bahrain** bekennt die Mehrzahl der Muslime sich zur dieser Glaubensform.

Literaturtipp:
- *Rudi Paret:* **Der Koran.** Übersetzung, Kohlhammer Verlag Stuttgart.
- *Rudi Paret:* **Der Koran.** Kommentar und Konkordanz, Kohlhammer Verlag Stuttgart.

- *Rudi Paret:* **Mohammed und der Koran.** Geschichte und Verkündigung des arabischen Propheten, Kohlhammer Verlag Stuttgart.

Internet:
http://www.salaam.co.uk
http://www.islamicity.org

Gesellschaft

Bevölkerung

Laut 1997er Zensus leben in Qatar **rund 600.000 Menschen,** von denen etwa 480.000 (ca. 80%) landesfremd sind.

Zum Vergleich: Im Jahre 1913 schätzte der britische Historiker *J. G. Lorimer* die Einwohnerzahl auf 27.000.

Locals

Als „Einheimische" (engl. *locals)* bezeichnet man die eigentlich ansässige Bevölkerung, also die **Nachfahren der schon seit Jahrhunderten hier lebenden Beduinenstämme.** Diejenigen, die in ihrer Ahnenfolge direkt mit jenen Beduinen verwandt sind, die einst den Staat gründeten, sind geachtete und reiche Männer. Nicht unbedingt wegen der eigenen Leistungen, sondern wegen der Loyalität, die im alten Stammesverband herrscht, haben sie die führenden – und überdurchschnittlich gut bezahlten – Posten aus den Bereichen Politik, Wirtschaft und Verwaltung inne. Auf Grund der vielfältigen staatlichen Unterstützungen besteht allerdings für keinen local die wirtschaftliche Notwendigkeit zu arbeiten.

Zugereiste

Die Wirtschaft des Landes ist in hohem Maße von Ausländern abhängig. Die meisten Zugereisten kommen aus **Pakistan, Iran** und **Indien** sowie aus **Thailand** und von den **Philippinen.** Angehörige anderer arabischer Länder wie **Ägypten, Jordani-**

Wer ist Shaikh Ali bin Ali al-Ali?

Die für westliche Ohren oftmals verwirrende arabische Namensfolge fügt sich traditionell aus drei bis sechs Elementen zusammen. Sie geben zunächst Aufschluss über den eigenen Namen sowie den des Vaters und eventuell auch des Großvaters und Urgroßvaters. Diese Namenselemente werden verbunden: bei Söhnen durch *bin* oder *ibn* („Sohn des"), bei Töchtern durch *bint* („Tochter des").

Nach den verwandtschaftlichen Verhältnissen folgen Angaben über die gesellschaftliche oder geografische Herkunft (etwa aus einer Stadt, einer Familie, einem Herrschergeschlecht bzw. einem Stamm) oder über den Beruf.

Auch der gesellschaftliche Rang wird offenbart: Der Titel des Regenten von Qatar lautet *Emir,* was sich ableitet aus dem arabischen Verb *amara,* „führen", „gebieten" (im Englischen auch als *Amir* umschrieben). Mitglieder der Herrscherdynastie werden mit „Seine Hoheit", engl. *His Highness* (engl. Abk. *H.H.*) angesprochen. „Ihre Exzellenz", engl. *His Excellency* (engl. Abk. *H.E.*) werden hohe Regierungsbeamte genannt.

Shaikh kann übersetzt werden mit „Ältester", „Verehrungswürdiger". Mit diesem Titel bezeichnet man Stammesälteste und -oberhäupter, Vorstände von Familienverbänden, Adelige und deren Söhne. *Shaikh* ist auch ein Würdentitel für Religionsgelehrte, die über geistige und rechtliche Autorität verfügen. Der Shaikh-Titel wird durch Erbfolge übertragen.

Spricht man einen titellosen Araber an, so benutzt man meist lediglich seinen Vornamen mit dem englischen Zusatz *Mister*, Ausländer werden ebenfalls mit *Mister* und ihrem Vor- oder Familiennamen angesprochen (z.B. *Mr. Achim* bzw. *Mr. Müller*). Ausländische Frauen werden entsprechend mit *Mrs.* oder *Ms.* angesprochen.

Die Namen arabischer Frauen ändern sich nach ihrer Heirat nicht. Sie bleiben wie oben beschrieben *bint*, „Tochter des" und werden auch so angesprochen. Ein Ehemann wird seine Angetraute meist „Tochter des" und nur selten als „seine Frau" bezeichnen. Ein ehrenvoller Frauentitel ist *Umm*, „Mutter des", gefolgt vom Vornamen ihres ältesten Sohnes (*Umm Ali* ist also die Mutter von *Ali*, ihrem ältesten Sohn). Für Männer gibt es die entsprechende Bezeichnung: *Abu*, „Vater des", die allerdings selten benutzt wird.

Araber, die ihre Pilgerfahrt zu den heiligen Stätten von Mekka unternommen haben, tragen den Ehentitel *Hajji*, als Namenszusatz ist dieser in der Golfregion allerdings ungebräuchlich.

Das sagt also der Name des Emirs von Qatar in der Übersetzung aus:

His Hignness Shaikh Hamad bin Khalifa al-Thani = „Seine Hoheit, der verehrungswürdige Hamad, Sohn des Khalifa aus der Familie Al-Thani".

en, **Syrien** oder **Sudan** sind in der Minderheit. Sie arbeiten sowohl in gehobenen Berufen, beispielsweise als Lehrer, Ölarbeiter oder Verwaltungsangestellte, als auch als Bauarbeiter oder sind im Servicebereich, z.B. als Gärtner, Haushaltshilfen oder Hotelpersonal, tätig. Dabei steht ihr gesellschaftliches Ansehen in engem Verhältnis zu ihrer Bezahlung, ihre rechtliche Position entspricht eher 2. oder 3. Klasse. Ausländer halten sich meist mit einem Arbeitsvisum im Land auf, verlieren sie ihren Job, bleibt ihnen meist nur die Ausreise.

Westliche Experten

Auch viele **Amerikaner und Europäer** leben in Qatar. Sie sind hoch angesehen und arbeiten als gut bezahlte Ingenieure, Techniker, Berater und Experten in nahezu allen wichtigen Wirtschaftsbereichen, natürlich auch in der Öl- und Gasbranche.

Zusammensetzung

Staatsbürger sind natürlich alle locals, aber auch seit Generationen ansässige pakistanische, persische oder indische Minoritäten, deren Vorfahren meist als Händler in das Land kamen.

Nicht übersehen werden darf das **hohe Konfliktpotenzial,** das diese Bevölkerungszusammensetzung und die zahlenmäßige Überrepräsentanz der Non-Qataris birgt.

Rolle der Gemeinschaft

Fast alle Qataris sind arabischer und beduinischer Herkunft, und der Tradition entsprechend sind sie in ein strenges gesellschaftliches System von **Stammes- und Familienzugehörigkeit** eingebunden. Grundlage der Beduinengesellschaft ist die Gruppe, nicht das einzelne Individuum. Die Loyalität gegenüber dem eigenen Stamm und der eigenen Familie ist seit jeher ein wichtiger Wert, dessen Ablehnung zum Verlust der Ehre und zur sozialen Ausgrenzung führt.

Ebenfalls ausschlaggebend für die Bedeutung der Gemeinschaft ist die **muslimische Gesell-**

GESELLSCHAFT

schaftsordnung, die auf dem Koran sowie der *sunna* und der *shari'a* (islamische Gesellschafts- und Rechtslehre) basiert (siehe „Islam").

Männer und Frauen

Großfamilie Kennzeichnend ist das Leben in der Großfamilie und eine **Trennung der Lebensbereiche** von Männern und Frauen. Dabei werden nach alter Tradition die innerfamiliären und häuslichen Dinge von den Frauen und die außerhäuslichen Angelegenheiten vom Familienvorstand, meist dem ältesten Vater, geregelt.

Männer In den Händen der Männer liegt die **Aufgabe,** sich um das Wohlergehen der Familie sowie um die Angelegenheiten der Gemeinde und des Stammes zu kümmern. Sie besitzen dadurch zwar **Privilegien,** haben aber auch Verantwortung und müssen vielen **Verpflichtungen** nachkommen.

Frauen Einheimische Frauen haben einen großen Einfluss und eine **starke Position,** die weit über die Rolle der Hausfrau und Mutter hinausgeht. In Qatar stehen Frauen die gleichen **Bildungs- und Berufsmöglichkeiten** offen wie Männern. Der Frauenanteil an Fachschulen und Universitäten ist zum Teil höher als der der Männer. Viele qatarische Frauen widmen sich trotz einer fundierten Ausbildung nach ihrer Heirat einzig dem Familienleben. Wegen der festen Familienbande und des allgemeinen Wohlstands gibt es für die meisten keinerlei Notwendigkeit oder Verlangen, finanzielle Unabhängigkeit zu erlangen.

Traditionelle Lebensweisen

Beduinen- Den natürlichen Gegebenheiten der Wüste opti-
leben mal angepasst haben sich die Beduinen, die ursprünglichen Bewohner der arabischen Halbinsel,

GESELLSCHAFT

mit ihrer **mobilen Viehhaltung.** Dabei war das Kamel das wichtigste Tier, aber auch Ziegen, Schafe und Esel wurden gehalten. In begrenztem Maße bauten manche Beduinen auch Getreide an, doch selbst dort, wo die Äcker im Winter bewässert werden konnten, musste das Land wegen der großen Hitze im Sommer oft brach liegen. Einen besseren Ertrag sicherte die **Bewirtschaftung von Dattelgärten.**

Die meisten Beduinenfamilien lebten nicht allein von der Viehzucht, sondern zudem noch von anderen Wirtschaftsformen wie dem **Fischfang** oder der **Perlenfischerei** oder dem Dattelanbau. Daher waren die wenigsten Beduinen Vollnomaden, sondern besaßen einen oder mehrere Wohnsitze.

Nahezu alle Angehörigen waren regelmäßig oder sporadisch an **saisonalen Wanderungen** zwischen Landesinneren und Küste beteiligt, Landesgrenzen bedeuteten natürlich keine Einschränkung für sie. **Tauschhandel** spielte eine wichtige Rolle, um Waren zu bekommen, die man selber nicht erwirtschaftete.

Die **drei wichtigsten Beduinenstämme,** die bis ins 20. Jahrhundert hinein in Qatar lebten, waren:
- **Al-Naim** (sesshaftes und nomadisches Leben in Nordwest- und Zentralqatar und Bahrain, im Sommer zogen viele Familien von Qatar nach Bahrain)
- **Al-Murrah** (Kerngebiet in Abu Dhabi und Saudi-Arabien, Wanderungen führten viele Gruppen im Frühling nach Südqatar)
- **Al-Manasir** (viele von ihnen verbrachten die Sommer in den Oasen Buraimi oder Liwa in den V.A.E. und die Winter in Qatar)

Die Mehrheit der Qataris stammt von Beduinen ab, die im Laufe der Jahrhunderte aus anderen Gebieten Arabiens auf die Halbinsel kamen. Doch eine nomadische Lebensform ist heute nicht mehr typisch. Etwa ab der Mitte der zweiten Hälfte des 20. Jahrhunderts, mit dem wachsenden Ölreichtum, haben fast alle Beduinen Qatars ihre Zelte an den Nagel gehängt und sind **sesshaft geworden.**

Literaturtipp:
- *Alan Keohane:* **Bedouin. Nomads of the desert**. Stacey International, London.
- *Klaus Ferdinand,* **Bedouins of Qatar.** Thames and Hudson LTd., London.

Fischerei

Fischerei sicherte einst die **Nahrungsmittelversorgung** der dünn besiedelten Küstendörfer. Die Fischer nutzten Boote aus Indien, importierte Einbäume aus Holz, lokal aus Palmzweigen hergestellte Shasha-Boote oder größere Dhau-Holzschiffe. Die Fische wurden in **Reusen, Wurf- oder Zugnetzen** gefangen, frisch verkauft und zur besseren Lagerung in der Sonne getrocknet. In Küstennähe fischte man mittels *maskar:* Steinerne Wälle mit großem Eingang, aber kleinem Ausgang leiteten die Fische in immer engere Kammern, in denen sie bei Ebbe strandeten und nur aufgesammelt zu werden brauchten.

Als sich mit zunehmender Modernisierung auch **Kühlanlagen** etablierten, erfuhr die Branche eine wesentliche Veränderung. Nun konnte auch bei extremen Sommertemperaturen gefischt werden. Die Sommerzeit hatte für die Fischer in früheren Jahren unfreiwillige Untätigkeit bedeutet, welche von vielen mit der Perlenfischerei (siehe unten) überbrückt wurde.

Perlentaucherei

Perlenfischerei und der Handel mit den „Tränen der Engel" war jahrhundertelang das wichtigste Gewerbe der Golfregion (siehe „Geschichte").

In einer Tiefe von ca. zwei bis 36 Metern sind der Golfküste zahlreiche **Muschelbänke** (arab. *fasht*) vorgelagert. Qualitativ hochwertige Perlen (arab. *lulu*) findet man in tiefen Gewässern mit felsigem Untergrund und starkem Wellengang. Die südliche Golfregion ist, im Gegensatz zur iranischen, reich gesegnet mit Perlenbänken.

Die Muschelbänke zählten in der Vergangenheit nicht zu den Besitztümern einzelner Shaikhtümer, sondern konnten von jedem arabischen Schiff angelaufen werden. Die **Schiffe** eines Hafens, die alle unter der Obrigkeit eines Shaikhs standen und somit konkurrenzlos arbeiteten, brachen gemeinsam zur selben Zeit zu den Muschelbänken auf. Genaue Pläne gaben diese Abfahrt kund.

Diese **Haupttauchsaison** dauerte etwa 120 Tage, von Anfang Juni bis Ende September. Doch einige Mannschaften starteten schon früher zur „kalten Taucherei", so genannt, weil Strömungen das Meerwasser zu dieser Jahreszeit kühlten.

Während der Monate auf See bildete die durchschnittlich zwanzig Mann starke **Crew auf dem Schiff** eine enge Einheit, in der Kooperation nicht nur dem wirtschaftlichen Erfolg diente, sondern auch das Überleben sicherte.

Die meiste Autorität an Bord besaß der *nakoudah*. Er war neben der Koordination seiner Mannschaft auch für die Wahl der Tauchgründe und die Vermarktung des schillernden Schatzes verantwortlich. Der Kapitän des Schiffes war für die seefahrerischen Entscheidungen zuständig.

Zur Crew gehörten Steuermänner, Segelsetzer, Ausgucker, Ankersteinwerfer, Taucher, „Zieher", Muschelöffner sowie ein Koch und „Mann für alles". Auf großen Schiffen begleitete sie noch ein Sänger.

Das Leben während der Tauchsaison war entbehrungsreich, hart und gefährlich – vor allem für die **Taucher.** Große Hitze, hohe Luftfeuchtigkeit, Salzwasser, Krankheiten (insbesondere Augenkrankheiten), Haiangriffe und giftige Quallen bedrohten ihre Gesundheit.

Jeder Taucher hatte an Bord einen Partner, einen Zieher (arab. *saib*), der ihn zwischen den Tauchgängen an die Wasseroberfläche ziehen musste. Zum schnelleren Abtauchen hatten die Taucher einen großen Stein am Fuß festgebunden, den sie, am Grund angekommen, aber losbanden.

Die meisten Taucher waren nur mit einer kurzen Hose bekleidet, die wenigen, die es sich leisten konnten, hatten einen Anzug aus Segeltuch, der

GESELLSCHAFT

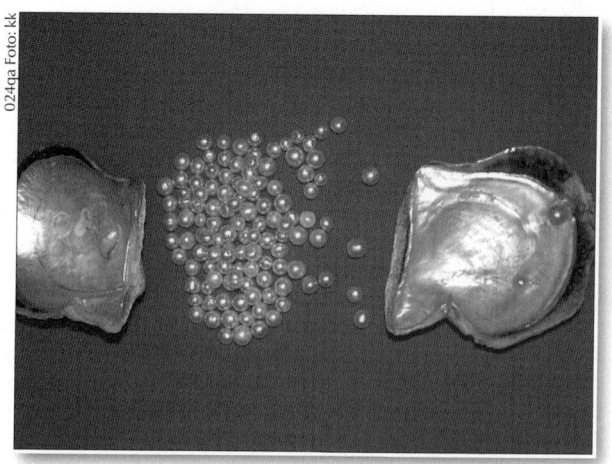

die Haut vor scharfkantigen Korallen und dem Nesselgift der Quallen schützte. Lederhandschuhe oder Lederbänder gehörten ebenfalls zur **Arbeitskleidung.** Die Ohren wurden mit Wachs, die Nase mit einer Klammer aus Horn oder Holz geschlossen und die Augen zum Schutz mit Öl eingerieben. Zum Abschneiden der Muscheln vom Meeresgrund diente ein gebogenes Messer, zum Sammeln der Muscheln hatte der Taucher einen Korb um die Hüfte gehängt. Sechzig bis hundert Mal begaben sich die Taucher jeden Tag unter Wasser. Bis zu 17 Meter tief tauchten sie und konnten etwa drei Minuten unter Wasser bleiben.

Die Muschelschalen wurden am nächsten Morgen (nachdem die Muscheln gestorben waren und so ihr Schließmechanismus versagte) unter den wachsamen Augen des Kapitäns geöffnet. Er sammelte die **Perlen** ein, sortierte sie mittels eines Siebsets nach Größe, ermittelte ihr Gewicht und

Perlen sind ein Geschenk des Glücks

bewertete jedes Stück ausgiebig nach Form, Farbnuance und Glanz.

Verkauft wurden sie vom *nakhuda* entweder an **Zwischenhändler** oder auf speziellen Perlenmärkten auf dem Festland. Diese Zwischenhändler hießen *tawash*, und die meisten suchten die Perlenfischgründe mit einem Boot auf, um die kleinen Schätze direkt anzukaufen.

Die Shaikhs belegten den Perlenhandel mit **Konzessionsgebühren,** Steuern und Zöllen, woraus ihr Reichtum resultierte.

Die Schiffscrew war zu unterschiedlich hohen Prozentsätzen am Umsatz beteiligt. **Am wenigsten verdienten die Taucher.** Viele hatten ihr nicht allzu üppiges Gehalt im Voraus erhalten (um es der Familie zu geben, die ja bis zu vier Monate alleine war) und mussten stets mit dem Risiko leben, dass die Saison mit schlechten Fangergebnissen endete und sie einen Teil des Lohnes zurückzuzahlen hatten. Viele waren verschuldet und mussten ohne Lohn arbeiten. Manche schafften es trotz harter Schufterei nicht, zu Lebzeiten ihre Schulden zu begleichen, so dass ihre Söhne sie abtragen mussten.

Tradition und Moderne

Traditionelle Normen

Tribale und religiöse Gesellschaftsnormen sind in Qatar von **großer Bedeutung,** und ihre Einhaltung wird – neben der Loyalität zum Staat und dem alle Einheimischen verbindenden Nationalbewusstsein – als „oberste Bürgerpflicht" angesehen.

Einklang

Besucher werden sehr schnell feststellen, dass dieses **traditionell arabische Leben im Einklang mit dem modernen Lifestyle** steht. Man hat erkannt, dass man die alten Lebensweisen nicht vollständig aufgeben braucht und dass Fortschritt nicht zwangsläufig mit dem totalen Verlust der kulturellen Identität einhergehen muss. Nützliche Errungenschaften des Fortschritts werden begeistert

GESELLSCHAFT

angenommen und kulturelle Eigenarten bewusst bewahrt.

Familie Insbesondere im öffentlichen Leben der modernen Stadtumgebung dominiert eine eher westliche Lebensweise, wohingegen in kleinen Dörfern mehr althergebrachte Bezüge ins Auge fallen. **Traditionelle Gewohnheiten** werden insbesondere im familiären Bereich gewahrt. Getreu dem Motto „My home is my castle" schützen hohe Mauern und getönte Glasscheiben vor ungeliebten Blicken.

Öffentlichkeit Anders dagegen im von Reichtum und **materieller Verwestlichung** geprägten öffentlichen Leben. Hier gehört es zum guten Ruf, sich und sein Vermögen zur Schau zu stellen. Die Zeichen dieses Wohlstandes – Autos, Villen, Jachten, Juwelen ... – können sich Qataris erstehen, ohne den Zwängen der Lohnarbeit zu unterliegen, denn der Staat beteiligt alle seine Bürger an den Erträgen des boomenden Staatshaushaltes. So erhält jeder Einheimische eigenes Land und freut sich über Steuerfreiheit, freie Schulbildung und Krankenversorgung. Damit führt die Herrscherfamilie Al-Thani eine alte beduinische Stammestradition fort, nach der ihr die Sorge für das Wohlergehen ihres Volkes obliegt.

Prachtentfaltung ist auch ein stadtplanerisches Interesse, wie die stetig wachsensende Zahl mit Spiegelglas verkleideter Hochhäuser, die großzügig geschnittenen Einkaufszentren und die breiten Prachtboulevards bezeugen.

Als Gast in Qatar Es lohnt, die Augen für die verschiedenen Formen der Symbiose von traditioneller Lebensart und Moderne offen zu halten. Dank dieses Phänomens können Urlauber sowohl die **Annehmlichkeiten einer modernen Infrastruktur** annehmen als auch auf **Entdeckungstour nach Traditionellem** gehen.

Kultur

Traditionelle Kleidung – schwarz und weiß

Alltagskleidung

In Qatar hat traditionelle Kleidung nichts mit altmodischer Tracht zu tun, die nur zu besonderen Anlässen getragen wird. Es ist Alltagskleidung, zum einen überaus **bequem, luftig und praktisch,** aber vor allem ein Zeichen des tief verwurzelten Nationalstolzes.

Männer

Das unverkennbare Kleidungsstück nahezu jedes einheimischen Mannes ist die *dishdasha,* ein schneeweißes, lose fallendes, **knöchellanges Gewand,** das stets langärmlig und gerade geschnitten ist. Auch bei wichtigen Geschäftsterminen und selbst bei Staatsgesprächen wird ein Mann nie auf seine *dishdasha* verzichten, es sei denn, er reist ins Ausland, wo ein maßgeschneiderter Anzug obligat ist.

Traditionelle **Accessoires** sind dünne Kamelstecken aus gebogenem Bambus, allerdings werden sie nur zu feierlichen Anlässen und Tänzen getragen. In den zurückliegenden kriegerischen Zeiten wurde ein Krummdolch in einer silberbeschlagenen Scheide oder ein doppelschneidiges Schwert um die Hüfte geschnallt oder ein Vorderladergewehr geschultert. Viele Männer tragen mit Steinen eingefasste Fingerringe; einst waren sie aus Silber, heute sind sie meist aus Gold gefertigt. Tradition ist es auch, eine Gebetskette mit sich zu führen. Für viele sind auch Mobiltelefone und Marken-Armbanduhren eine Art „Pflichtbekleidung".

Frauen

Qatarische Frauen zeigen sich ihrer Tradition und Religion entsprechend **körperbedeckt**. In der Öffentlichkeit soll Kleidung ein Zeichen von An-

Kultur

Land und Leute

KULTUR

stand, Standesbewusstsein, Keuschheit und Religiosität sein.

Die symbolischen Musterstücke sind der **Schleier** und die *abaya,* ein schwarzer **bodenlanger Umhang.** Das Tragen eines Schleiers ist, anders als im benachbarten Saudi-Arabien, keinesfalls gesetzliche Pflicht. Und wenn viele local-Frauen sich in einen undurchsichtigen schwarzen Überhang hüllen, so geht es unter dieser „Tarnkappe" recht farbenfreudig zu. Typisch sind mit Gold- und Silberfäden bestickte bunte Kleider (arab. *kandoura*) und darunter getragene Hosen (arab. *sirwal*), die am Fußende aufwändig verziert sind.

Bei älteren Frauen und Beduinen ist das Tragen einer **Gesichtsmaske,** der *batula,* weit verbreitet. Dienen Kopftuch und Schleier in erster Linie dazu, für die angeblich im Koran (siehe Sure 24, Vers 31) geforderte Gesichtsverhüllung der Frau zu sorgen, so wurde die indigofarbene *batula* einst von Beduinen getragen, um die empfindliche Haut vor praller Sonne und Staub zu schützen. Moderne Masken bedecken nicht mehr das ganze Gesicht und dienen eher als ein Zeichen der Tradition.

Musik und Tanz

Vielfalt Die vielfältigen traditionellen Lebensweisen und die Tatsache, dass in der Küstenregion des Golfes seit Menschengedenken **fremde kulturelle Einflüsse** Fuß fassen konnten, haben dazu geführt, dass sich eine große Variationsbreite an musikalischen und tänzerischen Ausdrucksformen entwickeln konnte.

Funktionen Gesang, Musik und Tanz waren nicht darauf beschränkt zu unterhalten, sondern drückten vor allem die **verschiedenen Lebensformen** aus. Den meisten Musik- und Tanzstilen kam auch eine wichtige **soziale Funktion** zu, denn so bereitete die Stammesgemeinschaft z.B. eine Hochzeit oder einen Kriegszug vor, oder Familienangehöri-

KULTUR

ge feierten die unversehrte Heimkehr nach einer langen Reise. Musik- und Tanzstücke konnten – und können – auch einen **zeremoniellen Charakter** haben.

Durch den Rhythmus bestimmter Lieder und Musikstücke fiel harte **Gemeinschaftsarbeit leichter.** Ein gutes Beispiel dafür bietet die Musik der Perlenfischer. Für jeden Arbeitsgang und für verschiedene Zeitpunkte der Reise gab es spezielle Liedformen, die in Rhythmus und Stimmung dem jeweiligen Anlass angepasst waren: zum Lichten des Ankers, zum Einholen der Segel, zum Auftauchen nach dem Tauchgang, zur Heimkehr …

Tipp:
- Eine gute Möglichkeit, Musik und Tanz in traditioneller Art zu sehen, bietet sich beim **Qatar Eid Festival** (siehe „Praktische Reisetipps, Feste und Feiertage").

Ein wichtiges Musikinstrument der traditionellen Musik ist die Laute

Poesie – die Kunst der schönen Worte

Lange Tradition

Arabische Poesie und Dichtkunst haben eine lange Tradition. In vergangenen Zeiten kam der lyrischen Ausdrucksweise eine weitaus größere Bedeutung zu als heute. Geschichten, Gedichte, Parabeln, Fabeln, Liebeserklärungen, Legenden, Weisheiten und Sprüche wurden in poetischer Form verfasst und von Generation zu Generation **mündlich überliefert.** Würdenträger, Stammesführer oder Dorfverwalter unterhielten sich in dichterischer Form über so wichtige Angelegenheiten wie Stammesgrenzen, Karawanenwege, Friedensvereinbarungen oder Verwandtschaftsverhältnisse.

Beduinenlyrik

Einen hohen Stellenwert nimmt die Beduinenlyrik ein. Die in der Grandiosität der Wüste entstandenen Gedichte zeichnen sich durch eine **enge Naturbezogenheit und viel Gefühl** aus. Die beduinische Liebespoesie, sowohl von Männern als auch von Frauen gepflegt, quillt über vor schwärmerischer Leidenschaft. Ebenso werden der Wüste, dem Ort des Absoluten mit seiner unmessbaren Weite, unzählige Liebeserklärungen zuteil. Auch Aberglauben, Mystik, Legenden und fantastische Geschichten über die Einflüsse böser Blicke, guter Engel oder mysteriöser Geister fassen Beduinen seit Generationen in ausdrucksstarke Poeme.

Modernisierung

Heute verbinden sich Elemente der beduinischen Dichtkunst mit der allmächtigen **Populärkultur** und nehmen Stellung zum gesellschaftlichen Wertewandel oder dem multimedialen Computerzeitalter. Doch auch althergebrachte Inhalte werden gerne rezitiert.

Koran

Dass schöne Worte in der arabischen Gesellschaft ein so hohes Ansehen haben, liegt auch daran, dass der Koran ein **poetisches Meisterwerk** ist. Sein hoher literarischer Rang gilt als Beweis für seine göttliche Herkunft.

Kalligrafie – vollendete Schönschrift

Die Kalligrafie, die Schönschreibkunst, schafft eine **formvollendete Verbindung von Wort und Bild.** Durch sie wachsen aus Buchstaben nicht nur elegante und verschlungene Formen, denn der eigentliche Kernpunkt ist der Inhalt des Textes, der meist einen **religiösen oder philosophischen Kontext** hat. Kalligrafen schöpfen aus den Buchstaben fantasievolle Muster sowie Tiere oder traditionelle Gegenstände. Das Innere der Moscheen, insbesondere die nach Mekka gerichtete Gebetsnische, ist mit langen kalligrafischen Schriftbändern sowie ausladenden Arabesken oder Ornamenten ausgeschmückt.

Dhaus – traditioneller Schiffsbau

Frühe Holzdhaus

Die traditionellen arabischen Holzdhaus gehören zu den **ältesten Schiffstypen,** die seit Jahrhunderten von berühmten Navigatoren über die Weltmeere gefahren wurden. In den Golfgewässern segelten arabische Seeleute bereits im achten Jahrhundert allen Stürmen, Piraten und sonstigen Gefahren zum Trotz bis nach China. Diese frühen Dhaus wurden ohne jegliches Metall, also auch **ohne Nägel, konstruiert**. Die Planken wurden mit in Öl eingeweichten und gedrehten Kokosnussfasersträngen regelrecht „zusammengenäht". Ein in dieser Bauweise genähtes Schiff hatte den Vorteil, dass es flexibler war, Stöße gegen Riffe geschmeidig abfing und nicht auseinander brechen konnte.

Fremde Einflüsse

Vom Beginn des 16. bis zum Ende des 17. Jahrhunderts brachten die **Portugiesen,** die als Kolonialmacht diverse Stützpunkte entlang der Golfküste kontrollierten, neue Einflüsse in den arabischen Bootsbau, die im Laufe der Jahre weiterentwickelt und „arabisiert" wurden. Zu der Zeit, als die Perlenindustrie ihren wirtschaftlichen Höhepunkt er-

Kultur

	reichte (siehe „Wirtschaft"), war der Bootsbau die bedeutendste Industrie des südlichen Golfes.
Nutzung bis heute	Bis ins 20. Jahrhundert dienten die Holzdhaus dem gesamten Warentransport im Persisch-Arabischen Golf sowie der Perlentaucherei. Auch heute noch werden sie für den **Seehandel** und zum **Fischfang** benutzt.
Dhautypen	Der **Ausdruck Dhau** stammt ursprünglich nicht aus dem Arabischen, sondern vermutlich aus dem ostafrikanischen Swaheli. Das Wort *Dhau* benutzen sowohl Europäer als auch Araber als Sammelbegriff für verschiedene traditionell-arabische Holzschiffe. Der größte Schiffstyp der Perlentaucherei ist die *Bateel,* auf der bis zu hundert Mann Platz finden. Andere Modelle sind die *Sambuq,* die *Jailbut* oder die *Boom.*
Bootsbau	An einer mittelgroßen Dhau bauen sechs Schiffsleute – sie stammen meist vom indischen Subkontinent – ungefähr drei Monate. **Augenmaß und Formgefühl** sind die wichtigsten Voraussetzungen für einen Bootsbauer, denn gezeichnete Pläne gibt es nicht.

Tipp:
● Empfehlenswert ist die Teilnahme an einer Dhaucruise durch die Doha-Bucht, siehe „Doha".

Früher wurden Dhaus ohne Nägel gebaut

Falknerei – Hobby der Wüstensöhne

Die Liebe zur Falknerei ist in Qatar fest im **Brauchtum** verwurzelt. Nahezu jeder Edelmann sowie viele reiche Familien halten Beizvögel und haben einen Falkner angestellt. Viele Shaikhs trainieren ihre Lieblinge auch selbst.

Falkenarten Durchgesetzt hat sich die Jagd mit Falken. Weibliche Tiere werden bevorzugt, denn sie sind größer und stärker als Männchen. Falkner schwören auf **Ger- und Wanderfalken** (lat. *Falco rusticolus* bzw. *Falco peregrinus*), auch Kreuzungen (Hybriden) zwischen einem Ger-Muttertier und einem Wanderfalken-Männchen sind populär. Die Heimat der Gerfalken liegt in den arktischen Breiten Eurasiens und Nordamerikas. Wanderfalken sind mit 18 Rassen weltweit heimisch – mit Ausnahme von Neuseeland, Island und der russischen Steppe.

Die **Preise** von Falken können überall zwischen 500 und 300.000 QR liegen.

Training Zu Beginn der Jagdsaison, die auf die Wintermonate beschränkt ist, verbringen die **Falkner sehr viel Zeit mit den Tieren.** Es ist ein ungeschriebenes Gesetz, dass die Vögel in alle öffentlichen Gebäude und Hotels mitgenommen werden dürfen. Während dieser Zeit sollen sich die Tiere an die streichelnden Hände und an die Stimme des Menschen gewöhnen. Nach und nach fassen die Vögel Vertrauen zum Falkner und der fremden Umgebung.

Jagdfalke und Geländewagen:
typisch qatarische Statussymbole

Um die sensiblen Tiere vor der Unruhe und Hektik der Umgebung zu schützen und zu beruhigen, wird ihnen eine aus Leder handgearbeitete **Haube** über den Kopf gestülpt. Die Maske wird nur während der Fütterung – und später auch beim Trainings- und Jagdflug – abgenommen. Zu Hause und während der Trainingspausen sitzt das Tier mit verbundenen Augen auf einem transportablen Holzständer oder auf einem in den Boden steckbaren Pflock.

Unterwegs werden die Falken auf dem Unterarm des Falkners getragen, der durch einen aus dickem Stoff bestehenden Muff gegen Verletzungen durch die scharfen Krallen geschützt ist.

Auch zur Fütterung nimmt das Tier auf dem Arm seines Herrn Platz. Um sich an die **Handfütterung** zu gewöhnen, wird es immer wieder mit kleinen Fleischhappen verköstigt.

Jagd

Draußen, in der Wüste, wird der Vogel dazu trainiert, gemäß seinem natürlichen **Jagdinstinkt** eine spezielle Beute zu erlegen. Zur Prägung auf das zukünftige Beutetier werden künstliche Köder, bestehend aus an einem Seil angebundenen Fleischstücken mit aufgesteckten Federn (Federspiel), über den Boden gezogen und durch die Luft gewirbelt. Zu Beginn dieser Ausbildungsphase ist der Falke an seinen Läufen festgebunden, doch später fliegt er frei, schlägt seine Beute und lässt sich, nachdem er sich mehr oder weniger an der Beute satt gefressen hat, wieder auf den Arm nehmen. Ein satter Vogel wird nicht so einfach auf den Arm zurückkehren, denn die Motivation, Futter aus der Hand des Falkners zu erhalten, entfällt dann bzw. wird ignoriert.

Wohl behütet

Einige Tiere tragen einen **Mini-Funksender,** damit sie, falls sie entflogen sind, wieder gefunden werden können.

Für den Fall, dass ein Vogel durch den Kampf mit seiner Beute verletzt oder erkrankt ist, gibt es spezielle **Falkenkliniken.**

Literaturtipp:
- *Dr. David Remple, Christian Gross.* **Falconery and Birds of Prey in the Gulf.** Motivate Publishing London.

1001 Düfte – orientalische Betörung

Allgegenwärtig

Düften kommt in der **Tradition und Kultur** der arabischen Welt eine große Bedeutung zu. Die Herstellung von wohlriechenden Duft- und Räucherstoffen sowie Parfum zählt zu den ältesten traditionellen Metiers.

Jede qatarische Frau besitzt eine Vielzahl an Flaschen, Flacons, Tiegeln oder Döschen mit den aromatischsten Duftstoffen, und auch **Männer** lieben es, sich in Wohlgeruch zu hüllen.

Blumig oder herb?

Blumige **Duftöle** und auf Ölbasis hergestellte **Parfumarten** werden nicht nur auf die Haut, sondern auch auf die Kleidung und Kopfbedeckung getropft. Jasmin-, Zitronen- und Limonenöle sind bevorzugte Aromen, Amber und Moschus als Aphrodisiaka beliebt.

KULTUR

Räuchern Weihrauch ist der verbreitetste Duftstoff, der entweder pur verbrannt wird oder Bestandteil anderer Duftmischungen ist. Es gibt eine Vielzahl von **Räuchermischungen** (arab. *bukhur*) aus wechselnden Ingredienzen wie eben Weihrauch, Sandelholz, Myrrhe, Moschus, Safran, Rosenblätter, Blütenöle oder diversen Dufthölzern. Jede Familie hat ihre eigenen, traditionellen Rezepte, die von der Mutter an die Töchter weitergegeben werden.

Mit Räucherstoffen parfumieren Qataris gerne **Wohnräume und Kleidung.** Dazu wird der Duftstoff auf einen Räuchertopf mit glühender Kohle gelegt, wo er langsam verglimmt. Viele verleihen ihren Haaren oder Bärten ein rauchiges Odeur.

Duftender Gruß Ein ehrvoller **Willkommens- oder Abschiedsgruß** ist das Besprengen des Kopfes und der Hände mit Rosenwasser. Alternativ reicht man dem Gast auch ein Gefäß mit glimmendem Räucherwerk zum Zufächern oder eine Flasche Parfum, um die Handgelenke zu besprühen.

Tipp:
- Einen guten Eindruck von der reichen Auswahl erhält man, wenn man eine der vielen **Parfumerien im Souq von Doha** (siehe „Doha") besucht.

Henna – Kultkraut mit Tradition

Bei uns Mode **Malereien mit dem Naturstoff Henna** sind bei uns in den letzten Jahren stark in Mode gekommen. Sozusagen als „Tatoo-Light" werden sie verkauft, was allerdings nicht ganz korrekt ist, denn mit dem Prinzip des Tätowierens hat die Hennakunst, außer der Abbildung von farblichen Mustern auf der Haut, nichts gemein.

Tradition in Qatar In Qatar ist Henna Alltag und hat eine lange Tradition. Überall fallen arabische und indische Frauen auf, die ihre **Hände und Füße mit filigranen Mustern aus brauner Farbe verziert** haben. Der Brauch, Henna zum Verschönern der Hände zu benutzen, soll von *Muhammads* Tochter *Fatima* etabliert worden sein. Sie war arm und besaß keinen Schmuck, so bemalte sie ihre Haut mit eleganten Ornamenten und Arabesken.

Araber glauben, Henna sei eine **Gabe Gottes** und übertrage *Baraka*, „Segen". Einer von Prophet *Muhammads* Ratschlägen besagt, dass sich die Männer ihre grauen Haare mit nichts anderem als Henna färben sollten.

Schönheitsmerkmal Solche perfekt und fein angefertigten **Malereien** werden von den arabischen – und auch den indischen – Frauen und ihren Männern als Schönheitsmerkmal angesehen. Meist sind die Handinnenflächen, die Fingerkuppen und die Fingernägel bemalt, zu besonders feierlichen Anlässen auch Füße und Knöchel.

Vor einem großen Fest treffen sich die weiblichen Familienmitglieder und üben dieses Schönheitsritual gemeinsam aus. Bei Hochzeiten wird die Braut mit besonders schönen und aufwändigen Mustern herausgeputzt.

Herstellung der Mixtur Zunächst werden die getrockneten **Blätter des Hennastrauches** (lat. *lawsonia inermis*) zu feinem Pulver zermahlen und mehrmals durch ein feines Musselin-Tuch gefiltert. Man kann das grüne, staubfeine **Pulver** für wenig Geld in jedem Supermarkt oder Gewürzladen kaufen.

Anschließend wird es **mit Wasser, Eukalyptusöl und Limonensaft** zu einer weichen Paste angerührt. Statt Öl und Limone kann man wahlweise auch den Saft von gekochten Tamarinden- oder Teeblättern zugeben. Diese Stoffe bewirken, dass der rötliche Farbstoff des Henna seine Wirkung besser entfaltet. Noch besser ist es, die schlammartige Mixtur vor dem Gebrauch ein bis zwei Stunden in der Sonne gären zu lassen.

In den Souqs werden auch **gebrauchsfertige Mischungen** in einer Metalltube mit beiliegender Plastikspritze angeboten.

Tipp:
- Ein **originelles Souvenir** können Touristinnen in Form einer formvollendeten Henna-Malerei mit nach Hause nehmen. Zahlreiche Schönheitssalons bieten diesen Dienst an, man erkennt sie an der Aufschrift „Henna Artist and Hair Dressing", „Facial and Bridal Make Up", „Beauty Parlour", „Beautician" oder „Henna and Beauty Saloon".

Eine Handseite mit einem einfachen Muster **kostet** rund zehn Rial, ein Fuß fünfzig. Es gibt auch sehr elegante und arbeitsaufwändige Hochzeitsmuster, die natürlich teurer sind.

Gut Henna braucht Zeit, nicht unbedingt zum Auftragen, was bei geschickten Hennamalerinnen wirklich wieselflink geht, aber umso mehr zum **Trocknen.** Knapp zwei Stunden sind bemalte Hände ein echtes „handicap". Wenn die Paste vollständig getrocknet ist, kann man sie am besten mit einem Messer abkratzen. Etwa einen halben Tag lang sollte die Haut nicht gewaschen werden.

Übrigens braucht man nicht zu erschrecken, wenn die Haut zunächst in einem grellen Orange leuchtet: Nach einigen Stunden wandelt sich dies in einen natürlichen Braunton, der etwas über drei Wochen hält, allerdings in der letzten Woche eher wie ein Hautausschlag aussieht.

Silberschmuck – Vielfalt mit Magie

Glück, Reichtum, Sicherheit

Viele Araber messen Silber eine **mystische Bedeutung** zu. Sie glauben, es würde seinen Träger vor dem so genannten „bösen Blick" schützen. Als Talisman oder Amulett soll es schlechte Einflüsse fern halten und außerdem Glück und Gesundheit bringen.

Bis noch vor wenigen Jahren besaß Silber auch eine wichtige **materielle Funktion.** Der Besitz des Edelmetalles bedeutete Reichtum und Absicherung. In vielen Familien, insbesondere bei den Beduinen, war der größte Teil des Vermögens in Silberschmuck angelegt. Edle Geschmeide stellen einen Großteil des Brautgeldes dar und sichern die Frau im Falle des Todes ihres Mannes oder nach einer Scheidung ab.

Durch den in den letzten Jahrzehnten aufgekommenen Wohlstand ist Silber allerdings immer mehr **aus der Mode gekommen** und durch Gold ersetzt worden. Nur wenige tragen noch Silber-

KULTUR

schmuck, und so wird er heute als Souvenir verkauft.

Vielfalt

Die Palette an traditionellen **Schmuckstücken** umfasst Halsketten, Armreifen, Fußspangen, Broschen, Ohr-, Finger- und Zehenringe sowie Haarschmuck. Auch **Gebrauchsgegenstände** wie Schnabelkannen, Rosenwassersprinkler, Weihrauchbrenner, Kajal-Behälter und kleine Dosen werden aus Silber geschmiedet und mit filigranen Mustern verziert.

Ein auffallendes Schmuckstück ist der omanische **Krummdolch,** der *khanjar,* der zu den Zeiten der alten Shaikhtümer von Beduinen getragen wurde.

Tipp:
● In den **Souvenir- und Antikläden von Doha** lohnt es sich, nach schönen Stücken aus Silber zu stöbern.

Doha

Doha

Stopover-Programm

Hier ein lockeres Programm für alle, die nur ein paar Tage in Qatar bleiben und das Beste besichtigen möchten:

Tag 1: Doha
- Vormittags Doha Stadtrundfahrt (Corniche, Dhauhafen und Werft, Zentralmarkt, Nationalmuseum, Fort)
- Nachmittags Bummel durch den Souq von Doha
- Abends Dhaucruise in der Doha-Bucht

Tag 2: Qatars Norden und Doha
- Halbtagesausflug zum Waffenmuseum, in den Norden nach Al-Khor und Al-Zubara
- Entspannen (Strand oder Palmeninsel) oder Sport treiben (Golfen, Tauchen, Wassersport)
- Abends Wasserpfeifencafé

Tag 3: Tagesausflug in den Süden
- Inlandsee, Sanddünen und Barbeque beim Khor al-Udaid

Tag 4: Tiere und Doha
- Vormittags Besuch eines Kamelrennens und der Oryx-Zuchtfarm
- Nachmittags Souvenirs kaufen oder entspannen (Strand oder Palmeninsel) oder Sport treiben (Golfen, Tauchen, Wassersport)
- Abends elegant dinieren (Sheraton Hotel, Marriott Hotel, Al-Dana Club)

Überblick

Hauptstadt Qatars an der weit geschwungenen Doha-Bucht gelegene Hauptstadt besticht durch ihre **Vielseitigkeit** und das interessante Wechselspiel zwischen Tradition und Moderne.

Etwa 80% der Bevölkerung des Landes leben in Doha. Der **Bauboom** der letzten Jahre hält an: Überall werden neue Glaspaläste aus dem Wüstenboden gestampft. Futuristische Architektur mit klassisch-arabischen Stilelementen zu versehen ist eine Spezialität der qatarischen Architekten. Dabei ist Doha überschaubar und (noch?) verschont vom Gigantismus.

Schwer vorstellbar, dass die vollklimatisierte Stadt nur **ein paar Jahrzehnte zuvor** eine ärmliche Hüttensiedlung ohne Strom und fließendes Wasser war. In nur einer Generation haben die Qataris die heutige moderne Metropole geschaffen, die eine der schönsten Hauptstädte der Region ist.

Dohas **Markenzeichen**: breite, drei- oder vierspurige, von Palmenalleen flankierte Straßen, die übergehen in allerhand Kreisverkehre (engl. *Roundabout,* Abk. *R/A),* in deren Mitte meist eine riesige Deko-Skulptur aufragt.

Doha hat auch alte Distrikte, etwa die engen Gassen des **Souqs** und die mit unzähligen Geschäften flankierten Straßen des Stadtzentrums, in dem vornehmlich Fremdarbeiter aus Indien oder Pakistan leben.

Die Stadt bietet **nachts** einen besonders beeindruckenden Anblick, denn dann verwandelt sie sich in ein riesiges Lichtermeer.

Sehenswertes

Uferpromenade

Corniche Dohas Corniche ist ein symbolisches Musterstück für den eleganten Wohlstand dieser Stadt. Sieben Kilometer lang und von Palmen, Blumenbeeten und Brunnen flankiert, verläuft sie entlang der Bucht von Doha. Kein Wunder, dass sie als **schönste Flaniermeile Arabiens** gilt.

Zu kühleren Stunden erobern Jogger das Terrain, Liebespaare promenieren am Ufer, Familien genießen ihr Picknick, und Kinder haben Spaß auf ihren Fahrrädern (die Papi zuvor aus dem Auto geladen hat).

Mit Einbruch der Dunkelheit erstrahlt die Corniche im Glanze unzähliger Lichter, vor allem zu festlichen Anlässen ein einmaliger Anblick.

SEHENSWERTES

Ost und West — Begrenzt wird die Bucht durch den **neuen Hafen** im Osten und das an seiner Pyramidenform unverkennbare **Sheraton Hotel** im Westen. Entlang der Küstenstraße stehen zahlreiche Minsterien und Hauptbüros bedeutender Großfirmen.

Parks — Wo keine dieser typischen riesigen Häuser stehen, sind Parks angelegt. Immer wieder bieten kleine „Food-Stalls" oder **Cafés** Snacks und Getränke an, die meisten aber erst spät nachmittags und abends.

Im großen **Al-Bida-Park,** etwa in der Mitte der Corniche auf der Landseite gelegen, gibt es neben Grünflächen und Spielplätzen für Kinder und einer Cafeteria auch ein Freilichttheater und eine an einem riesigen Kanal verlaufende Einkaufspromenade. Ein paar Läden bieten traditionelle Gegenstände als Souvenir an.

Restaurant — Unbedingt besuchen sollte man das **Al-Qalaa Restaurant** (Tel. 4 41 11 77), am östlichen Ende der Küstenstraße, unverkennbar in einem formvollendeten roten Ziegelgebäude, an dessen Ecken nachgebaute Windtürme (siehe Exkurs „Die kühle Brise") in die Höhe ragen. Die arabischen und persischen Gerichte werden in sehr dekorativen Speiseräumen serviert. Nicht minder attraktiv ist die am Meer gelegene Terrasse, auf der man komplette Gerichte oder auch nur einen Kaffee oder einen Snack bestellen kann.

Cafés — Ein einfaches, **traditionell qatarisches Café** heißt Qahwa al-Sayyadin (nur auf Arabisch ausgeschildert, aber an den hinter dem Café befindlichen Werbetafeln „Mercury"„Johnson" & „Evenrude" zu erkennen). Hier sitzen Qataris und Araber aller Nationalitäten beisammen, spielen Domino oder Karten, trinken Kaffee oder Tee, unterhalten sich oder schmauchen eine Wasserpfeife. Auch hier kann man draußen am Meer sitzen. Man gelangt zu dem Café, wenn man vom Rosenwassersprinkler-Kreisverkehr (beim Nationalmuseum und oben beschriebenen Al-Qalaa Restaurant) die Corniche entlang nach Westen fährt und dann die erste Seitenausfahrt nach rechts ausfährt.

Wiederum eine Ausfahrt weiter Richtung Westen, am neuen Hafen (auch *Rafco-Marina* genannt), liegt das **Paradise Restaurant and Café,** das Fisch- und Grillgerichte auf gemütlichen Sofas serviert und ebenfalls eine Terrasse am Meer hat (Tel. 4 36 66 11).

Hübsch ist auch das **Beduinenzelt-Wasserpfeifen-Café** kurz vor dem Sheraton Hotel am westlichen Ende der Corniche (dort wo Boote zur in der Bucht gelegenen Palmeninsel ablegen, siehe unten).

Das Al-Qalaa Restaurant hat einen schönen Innenhof

Dhauhafen

Old Harbour

Gegenüber der Grand Hamad St. zeigt ein aufgeklappter **Austerbrunnen** samt Perle den Weg von der Uferstraße zum alten Hafen der Stadt. Hier liegen arabische Holzschiffe, die **Dhaus** (siehe auch „Land und Leute, Kultur"), vor Anker. Seit Jahrhunderten wurden diese Schiffstypen zur Fischerei und zum Handel genutzt, früher auch zur Perlentaucherei. In der heutigen Zeit transportieren manche dieser Boote Waren nach Ostafrika, andere bringen etwas aus Indien, doch die meisten laufen die persische oder emiratische Küste an.

Gaumenfreuden

Am alten Dhauhafen nehmen die folgenden **drei Restaurants** und **zwei Cafés** Aufstellung. Das Ensemble ist unverkennbar, denn die Restaurants sind im Stil von Schiffen erbaut (Tel. 4 31 18 18):
- Al-Bandar (internationale Küche)
- Al-Sharqui (arabische Küche)
- Marhaba Fish Market (Fischbuffet)
- Ghorob Café
- Sahran Buffet Café (24 h geöffnet)

Sehr schön ist die **am Meer gelegene Terrasse** mit dem Ausblick auf die Bucht. Man kann drinnen oder draußen speisen und in aller Ruhe eine Wasserpfeife (arab. *nargila, shisha*) schmauchen.

Neuer Hafen

Im Osten der Bucht liegt der neue Hafen, der allerdings nicht von den traditionellen Dhaus, sondern von deren modernen Stahlnachfolgern angelaufen wird.

Dhauwerft

Altes Handwerk

Direkt (rechts) neben dem Oasis Hotel and Beach Club an der Ras Abu Abboud St. liegt die kleine Dhauwerft Dohas. Hier werden traditionell-arabische Holzschiffe, die **Dhaus, in reiner Handarbeit gezimmert.** Schreiner hämmern mit riesigen

SEHENSWERTES

Stahlnägeln Planke nach Planke an ein Holzgerippe. Gezeichnete Pläne kennen sie nicht, alles geschieht nach Augenmaß und mit großem handwerklichem Geschick. Auch elektrische Geräte kommen nur selten zum Einsatz – ein wahrlich mühevoller Job.

Palmeninsel

Lohnender Ausflug

Nur wenige Bootsminuten entfernt liegt **mitten in der Bucht von Doha** die 2500 m² kleine Palmeninsel (engl. *Palm Tree Island,* arab. *Al-Nakheel),* die von der Uferstraße aus gut zu sehen ist.

Das hübsche Eiland gehört der staatlich-qatarischen Hotelgesellschaft und verfügt über **Badestrände,** Umkleide- und Waschräume, Kinderpool, Spielplätze, **Gartenanlagen** und **Cabanas.** Wenn man Glück hat, ergattert man einen der begehrten Liegestühle am Sandstrand.

Zudem gibt es ein **Restaurant** (international, orientalisch, Fisch) und ein **arabisches Café,** in dem man Wasserpfeife rauchen kann.

Von der Insel hat man einen herrlichen **Blick auf die Skyline Dohas,** besonders schön nach Sonnenuntergang, wenn die Lichter der Stadt sich im Meerwasser spiegeln.

Anfahrt

● Nach Al-Nakheel fahren zwischen 10-21 Uhr Dhaus ab der Anlagestelle kurz vor dem Sheraton Doha Hotel and Resort (Pyramidenform). Preis: 15 QR Hin- und Rückfahrt (je ca. 10 min) samt Inseleintritt. Fr. und Mo. nur für Frauen und Familien.

Boots-Fahrten

Dhau-Cruise

Wie wäre es mit einer Dhau-Cruise, einer Fahrt in einem alten arabischen Holzboot durch die Doha-Bucht?

Bei der **Anlegestelle** an der Pizza-Hut-Hütte etwa in der Mitte der Corniche liegen einige Dhaus vor Anker und warten darauf, Gäste durch die Bucht zu schippern. Fährt man alleine, kostet das 30 QR, ansonsten 10 QR pro Person für eine etwa 30minütige Tour. Die Fahrten werden vom frühen Nachmittag bis zum späten Abend angeboten, Freitags auch vormittags.

Organisierte Tour — Wenn man länger an Bord sein möchte, kann man eine Tour bei einem **lokalen Reiseveranstalter** (siehe „Praktische Reisetipps") buchen. Diese Touren führen zu einigen kleinen unbewohnten Inseln mit herrlichen Badebuchten, beispielsweise Al-Safliyah oder Al-Mauz (Bananeninsel). Barbeque an Bord inklusive. Auch Abendfahrten mit Musik und Tanz können organisiert werden.

Nationalmuseum

Alter Herrscherpalast — Qatars „National Museum" ist in einem ehemaligen Palast von **Shaikh Abdullah bin Qassim al-Thani,** der 1913-1949 die Geschicke des Landes lenkte, und seinen beiden Söhnen (*Shaikh Hamad* und *Shaikh Ali*) eingerichtet. Erbaut wurde der Palast zu Beginn von *Shaikh Abdullahs* Amtszeit.

Im Innenhof des weiß getünchten Gebäudes steht der alte Herrscherpalast, der durch die umlaufenden Bogengänge sehr schön anzusehen ist. In den Räumen des historischen Gemäuers sind **Ausstellungen** zu Tradition und Kultur untergebracht oder Regierungs- und Wohnbereiche der einstigen Hausherren eingerichtet. Beeindruckend: die alten Silber- und Goldschmuckstücke; interessant: die Darstellungen zur traditionellen Medizin.

Alles über Qatar — Gegenüber vom Haupteingang kann man sich in einem **neueren Gebäudeteil** über die erdgeschichtliche Entstehung, die archäologische Vergangenheit, das traditionelle Beduinenleben, die Stammesorganisation, die arabische Astronomie, die Wüstenflora und -fauna, die Öl- und Gasindustrie und Geologie Qatars informieren. Englischsprachige Texte, Schautafeln und Filme liefern ergänzende Erklärungen. Am Ausgang veranschaulichen große historische Fotos die Entwicklung der Stadt Doha.

Meeresabteilung Die Meeresabteilung ist der traditionellen **Seefahrt, Perlentaucherei** sowie der **Meeresfauna** gewidmet. In einem künstlichen See dümpeln ein paar alte arabische Holzboote. Im Untergeschoss der Meeresausstellung ist ein sehenswertes Aquarium eingerichtet. In verschiedenen Becken tummeln sich Fische der Golfgewässer.

In einer kleinen **Cafeteria** kann man sich mit einem Softdrink erfrischen.

- **Adresse:** Al-Muthaf St./Ecke östliches Ende der Corniche
- **Geöffnet:** So bis Do 9-12, 16-19 Uhr, Fr nur nachmittags
- **Eintritt:** 4 QR

Souq Waqif

Souq Waqif heißt das **traditionelle Marktgebiet** zwischen Jabr bin Mohammed St. und Al-Souq St. einen Block hinter der Uferstraße auf der Höhe des Dhauhafens.

Hier findet man alles, was das Herz begehrt – und allen Plunder des modernen Konsumdenkens.

Kleidung und Stoffe Die volle Vielfalt an Kleidung, von **asiatischen Billigimporten** über **falsche Markenwaren** bis hin zu aufwändig bestickten **qatarischen Frauenkleidern,** flankiert die Gassen. Auch unzählige **Stoffballen** stapeln sich. Man kann aus einer breiten Palette genau die Farbe, die Qualität und das Muster aussuchen, das einem am meisten zusagt. Wie wäre es mit feiner Spitze, edler Seide oder prunkvollem Brokat? Zahlreiche Schneiderstuben stehen bereit, um aus den Stoffen gut sitzende Kleidung herzustellen.

Souq – Schaufenster des Orients

Souq –
Schaufenster des Orients

In der arabischen Gesellschaft hat der Warenhandel schon seit vorislamischer Zeit einen hohen Stellenwert. In nahezu allen Winkeln des arabischen Raumes betätigten sich arabische Kaufleute im Fernhandel. Auf den Handelswegen wurden edelste Güter, darunter Gold, Seide, Gewürze, Weihrauch, Elfenbein, Teppiche und Pelze, transportiert.

Souq – Schaufenster d. Orients

Entsprechend wichtig waren – und sind – die Märkte. Das traditionelle Marktviertel (arab. *souq*) ist in nahezu allen arabischen Ländern das Zentrum des lokalen Handels. Hier erlebt der Besucher „Orient pur", mit all seinen vielfältigen Eindrücken.

Das Bummeln und Stöbern in den Souqgassen wird durch das (scheinbare) Durcheinander, die ständig wechselnden Gerüche und die vielen Menschen aus aller Welt zu einem orientalischen Erlebnis. In den verwinkelten Gassen findet man ein vielfältiges Warensortiment, das von Zahnstocher über Bekleidung bis hin zu edlen Juwelen reicht. Der Großteil entfällt auf preiswerte Bekleidung, Stoffe, Schuhe, Taschen, Haushaltswaren, Uhren und Elektroartikel.

Bei genauerer Betrachtung fällt auf, dass orientalische Märkte stets nach Warengruppen geordnet sind. Konkurrenz belebt das Geschäft, und Kunden können prima vergleichen, ohne weit zu laufen.

Die Preise variieren in verschiedenen Bereichen des Souqs, in großen Geschäften oder Boutiquen ist es sicherlich etwas teurer als in den alten kleinen Läden entlang der Gassen.

Handeln ist überall ausdrücklich erwünscht und sollte immer Teil des Einkaufes sein. Meist ist es schnell möglich, sich gegenseitig auf einen „Preisnachlass" (der ja in Wirklichkeit gar keiner ist) von etwa einem Viertel des Ausgangspreises zu einigen. Tipp: Freundlich-verschmitzt handelt man am besten, hartnäckig-borniert am schlechtesten.

Neben Geschäften gibt es auch zahlreiche kleine Imbisse und Getränkebuden mit Softdrinks und frischen Fruchtsäften. Die vielen im Souq ansässigen Exchangestuben bieten durchgängig bessere Kurse als Banken – und insbesondere als die Wechselschalter in den Hotels.

Die meisten Geschäfte des Souq öffnen am frühen Morgen, sind dann über Mittag geschlossen und haben danach erst wieder ab etwa 16 Uhr bis zum Abend geöffnet.

Qatar ist übrigens sehr sicher, man braucht im engen Gewühl der Souqs keinerlei Angst vor Taschendieben zu haben.

Gasse in Dohas altem Souq

SEHENSWERTES

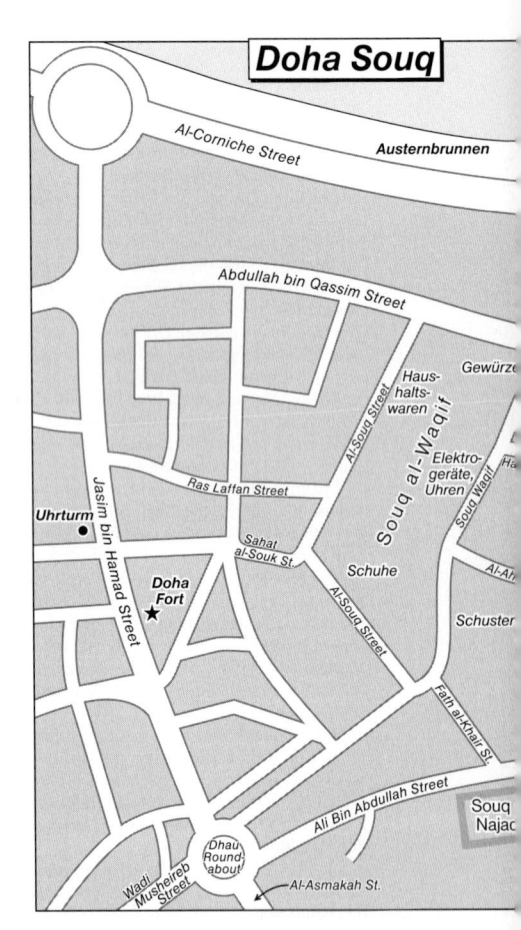

Doha Souq

Al-Corniche Street — Austernbrunnen
Abdullah bin Qassim Street
Haushaltswaren
Gewürze
Al-Souq Street
Elektrogeräte, Uhren
Souq al-Waqif
Souq Waqif
Jasim bin Hamad Street
Ras Laffan Street
Uhrturm
Sahat al-Souk St.
Schuhe
Doha Fort
Al-Souq Street
Schuster
Fath al-Khair St.
Ali Bin Abdullah Street
Souq Najac
Dhau Roundabout
Wadi Musheireb Street
Al-Asmakah St.

Überdachte Gassen	**Schatten vor der Mittagshitze** bieten die überdachten Gassen im Bereich zwischen den Straßen Abdullah bin Qassim, Souq Waqif und Al-Souq. Hier findet man Bekleidung, Stoffe, Haushaltswaren, Werkzeug, Elektronik, Kinderspielzeug usw. Auch traditionelles Kunsthandwerk in all seiner Vielfältigkeit wird angeboten, so dass man leicht

| | Gewürze wie Pfeffer, Paprika, Curry, Koriander, Kardamom, Kurkuma, Ingwer, Gewürznelken, |

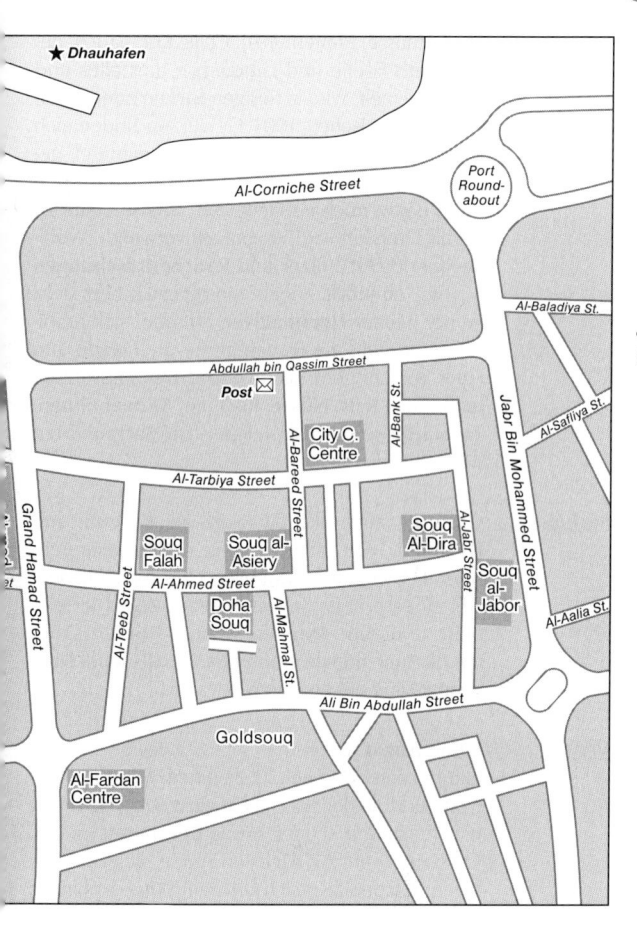

Map labels:
- ★ Dhauhafen
- Al-Corniche Street
- Port Roundabout
- Al-Baladiya St.
- Abdullah bin Qassim Street
- Post
- City C. Centre
- Al-Bareed Street
- Al-Bank St.
- Jabr Bin Mohammed Street
- Al-Safliya St.
- Al-Tarbiya Street
- Souq Falah
- Souq al-Asiery
- Souq Al-Dira
- Al-Jabr Street
- Souq al-Jabor
- Al-Aalia St.
- Grand Hamad Street
- Al-Teeb Street
- Al-Ahmed Street
- Doha Souq
- Al-Mahmal St.
- Ali Bin Abdullah Street
- Goldsouq
- Al-Fardan Centre

SEHENSWERTES

Doha

tolle Souvenirs finden kann (siehe „Praktische Reisetipps A–Z, Einkaufen").

Gewürz- Man folge seiner Nase in die Gewürzabteilung
abteilung (Ecke Grand Hamad St./Abdullah bin Qassim St.): **Gewürze** wie Pfeffer, Paprika, Curry, Koriander, Kardamom, Kurkuma, Ingwer, Gewürznelken,

Muskatnüsse, Pfefferminze, Chilli, Knoblauch, getrocknete Fische und Limonen – dies alles und noch viel mehr wird in riesigen Säcken oder Kisten offeriert. Zwischen 1001 Gewürzen finden sich auch unzählige **Kräuter** und Naturheilmittel, gegen jedes Zipperlein hat man hier das passende Kraut parat. Auch als Heilmittel, aber in erster Linie als Duftstoff wird Weihrauch verwandt. Wohlriechende **Dufthölzer und Räuchermischungen** werden ebenfalls angeboten. Dazwischen steht immer wieder **Hennapulver,** mit dem sich arabische und indische Frauen gerne die Hände und Füße verschönern (siehe „Land und Leute, Kultur"). Auch **Reis, Nüsse, Rosinen, Kaffeebohnen, Teeblätter** sowie kostspielige, echte **Safranblüten** werden verkauft.

Parfum — Groß ist auch die Auswahl an **Parfum und Duftölen.** Man kann sich ruhig durchschnuppern oder sich einen individuellen Duft mixen lassen: z.B. einen großen Schuss Rosenöl, etwas Jasminblüte und zum Abrunden einige Tropfen Limonenöl. Auch Imitate berühmter französischer Markenparfums stehen in den Regalen.

Verirrt? — **Keine Angst**, wenn man sich zeitweilig verlaufen haben sollte. Das gehört zu einem Souqbummel dazu, und da der Souq nicht allzu riesig ist, findet man bestimmt schnell etwas Bekanntes wieder. Oder man geht zur nächsten Straße, steigt einfach in ein Taxi und lässt sich aus dem Wirrwarr hinaus fahren.

Goldsouq

Lohnenswert ist auch ein Besuch des Goldsouq. Er liegt **östlich des Fardan Centre,** von dort kommend rechter Hand der Ali bin Abdullah St. Einige Läden verkaufen auch alten silbernen Beduinenschmuck oder gebrauchte (original!) Rolexuhren.

Gold, Gold, Gold

Einen Bummel durch den Goldsouq von Doha sollte man sich nicht entgehen lassen. Alles was hier funkelt, ist aus echtem Gold – unglaubliche Reichtümer schlummern in den Vitrinen der zahllosen Juweliere und blenden die Augen der Betrachter.

Immer wieder kann man Araberinnen beobachten, die sich ihren Goldschmuck gleich pfundweise einpacken lassen. Während er von Europäern eher aus ästhetischen Gründen gekauft wird, ist Schmuck für Araberinnen eine wichtige Wertanlage. Wertvolle Pretiosen bilden den größten Teil des Brautpreises, der von der Familie des Bräutigams an die Eltern der Braut und an sie persönlich gezahlt wird. Viele Schmuckstücke sind im Stil des alten traditionellen Beduinenschmucks gestaltet und beschützen die Trägerin, z.B. vor dem „Bösen Blick". Andere sind mit indischen Elementen verziert, denn unter den Goldkäufern sind viele Inder. Das Angebot ist natürlich auch auf den Geschmack von Europäern, die schlichte und kleinere Pretiosen bevorzugen, ausgerichtet (z.B. im Cartier- und Bulgari-Design).

Wenn man sein Traum-Schmuckstück trotz der Angebotsfülle nicht findet: Kein Problem, Maßanfertigung ist durchaus üblich.

Bei Europäern an beliebtesten sind 14- und 18-karätige Schmuckstücke, unter Indern erfreut sich 22-karätiger Schmuck größter Wertschätzung, wohingegen Araber 21- oder pure 24 Karat bevorzugen. Mit dem nötigen „Kleingeld" kann man auch Goldbarren oder Bullion-Münzen aus 24-karätigem Gold kaufen, die in allen Gewichtsabstufungen erhältlich sind. Als Normmaß gilt der Zehn-Tola-Barren, der 116,64 Gramm entspricht und eine alte indische Gewichtseinheit ist.

Der Preis der Schmuckstücke richtet sich nach dem karatabhängigen aktuellen Goldwert und nach dem Gewicht. Die Kunstfertigkeit der Verzierung ist nicht maßgeblich, lediglich ein geringer Aufschlag muss dafür gezahlt werden. die aktuellen Goldpreise kann man den Tageszeitungen entnehmen.

In zahlreichen Läden kann man sich seinen Namen in lateinischen oder arabischen Lettern in Goldschmuck eingravieren lassen. Viele Händler kaufen alten Schmuck auf bzw. verrechnen seinen Ankaufspreis mit neu erworbenen Stücken

Einkaufszentren

Im Zentrum östlich der Grand Hamad St. gibt es etliche Einkaufszentren, die gerne als **"New Souq"** bezeichnet werden.

Souq al-Dira — Wegen seiner arabischen Dekoration schön anzusehen ist das Einkaufszentrum Souq al-Dira in der Al-Jabr St. (Ecke Al-Ahmad St.), in dem vornehmlich **Parfum, Kosmetika** und edle **arabische Damenbekleidung** verkauft werden.

Souq al-Najada — Der Souq al-Najada liegt an der Ecke der Ali bin Abdullah St. und der Grand Hamad St. Im Inneren des Souqgebäudes dreht sich alles um **Telekommunikation.** Schön ist der arkadengesäumte und mit Stuckwerk geschmückte **Innenhof,** in dem eine kleine Moschee und ein traditionelles Windturmhaus (siehe Exkurs „Die kühle Brise") stehen. In solchen Häusern haben reiche Familien in der Zeit vor dem Öl ohne Strom bei einer angenehmen Raumtemperatur gewohnt. Einst war in diesem Haus ein Volkskunde-Museum eingerichtet, ob es in Zukunft wieder eröffnet wird, bleibt abzuwarten. In Läden um den Hof werden diverse Waren gehandelt.

Souq Ahmed — Unübersehbar an der Grand Hamad St. liegt der Souq Ahmed. Die Atmosphäre im Inneren ist recht nett, die Läden bieten meist **Damenbekleidung** und **Parfum** oder sind **Schneidereien.**

Al-Fardan Centre — Ebenfalls in der Grand Hamad St. liegt das große Gebäude des Al-Fardan Centre, dessen Shopping-Bereich allerdings nur klein ist und nur ein paar **Parfumerien, Damenboutiquen und Juweliere** beherbergt.

Souq al-Jabor — Im Souq al-Jabor, an der Al-Jabr St., am Ende der Al-Ahmad St., wird überwiegend **preiswerte Bekleidung** offeriert.

Dohas The Mall

| Weitere Souqs | In der **Al-Ahmad St.**, einer der Haupteinkaufsstraßen des Zentrums, reihen sich nicht nur unzählige Läden mit vornehmlich Bekleidung aneinander. Hier steht auch ein Souqgebäude am anderen. Am sehenswertesten ist der oben erwähnte Souq al-Dira, die anderen Souqs (**Souq al-Asiery, Souq Falah, Doha Souq**) bieten das Übliche: Bekleidung (vornehmlich für Frauen) sowie Parfum (ebenfalls meist für Frauen, wobei Herrendüfte keinesfalls fehlen). |

| Shopping Malls | Außerhalb des Zentrums finden sich diverse große Shopping Malls, siehe „Doha, Praktische Reisetipps". |

Altstadt

Das Zentrum der alten Stadt, in dem heute unzählige meist von Indern oder Arabern des nahen Ostens geführte **Geschäfte** um die Gunst der Kunden werben, verläuft entlang und zwischen den Straßen Wadi Musheireb St. (nahe des Sofitel-Hotels), Kahraba St. (beginnt bei der Al-Rayyan Rd.), Al-Asmakah St.(beginnt am Verkehrskreisel mit der Dhau) und Abdullah bin Thani St. (in der das Sofitel Hotel steht) bis zum Souq Waqif.

Doha Fort

Diese um 1925 unter Shaikh Abdullah bin Qassim al-Thani erbaute **Festung** ist auch als *Al-Koot Fort* bekannt und wurde einst als Gefängnis genutzt.

Schön ist der von weißen Stuckaturen und Arkadenbögen geschmückte **Innenhof.** In den ehemaligen Gefangenenzellen um den Hof finden sich einige Ausstellungsstücke zum traditionellen Handwerk.

- **Adresse:** im Zentrum an der Jabr bin Mohammed St.
- **Geöffnet:** So bis Do 9-12, 16-19 Uhr, Fr nur nachmittags

Uhrturmplatz

Im Zentrum der Stadt, keine 200 Meter von der Uferstraße entfernt an der Al-Diwan Street liegt der *Clock-Tower Square*. Namensspender dieses Platzes ist der **pastellfarbene Uhrturm** im indoarabischen Baustil.

Aber von weitaus wichtigerer Bedeutung ist der **Regierungspalast des Emirs** (arab. *Diwan),* der durch seine neo-arabische Eleganz und massenweise Arkadenbögen auffällt. Bitte nicht den Fotoapparat in Richtung des lückenlos eingezäunten Regierungspalastes richten.

Zentralmarkt

Lage

Die Hallen des *Central Market* liegen in der **Salwa Road** nahe der Industrial Area. Für Selbstfahrer ist der Markt wie folgt zu finden: Man fährt die Salwa Rd. stadtauswärts, hinter der Kreuzung am Ramada Hotel biegt man am 3. Kreisverkehr (hinter dem auf der linken Seite gelegenen Nassr bin Khaled Commercial Complex, unverkennbar groß und mit blauen Rundbögen) links in die Wholesale St. ab. Nach wenigen Metern sieht man linker Hand, etwas zurückgesetzt, die vielen Hallen des Zentralmarktes.

Großmarkt

Am Kreisverkehr liegt zunächst der Großmarkt (engl. *wholesale*). Hier wird nicht per Kilo, sondern nur kisten- oder säckeweise verkauft. Donnerstags und freitags (morgens und spätnachmittags) findet beim Großmarkt ein **Wochenmarkt** statt. Viele kleine Stände, die nur an diesen zwei Tagen aufgebaut werden, bieten Haushaltswaren, Bekleidung, Schuhe, manchmal auch traditionelles Kunsthandwerk und Falknereibedarf an.

Markthallen

In den diversen Zentralmarkthallen stapelt sich **Obst, Gemüse, Fleisch** und Fisch – alles frisch und sauber. Morgens ist am meisten Betrieb, und auch das Angebot ist am größten. Man sehe sich auch die **Fischhallen** an: Meeresgetier aller Sorten, Krebse, Hummer, Garnelen, viele kleine Haie und manchmal auch Riesen-Hammerhaie liegen dort auf Eis.

Unter einem offenen Hallendach werden zahlreiche **traditionelle Gegenstände,** wie tönerne Wasserpfeifen, Matten aus Palmfasern, Weihrauchbrenner, Datteln usw., angeboten. Im hintersten Gang werden allerlei **Pflanzen** und sogar ganze Palmen verkauft.

SEHENSWERTES

Falken- Zwischen Oktober bis März werden beim Zentral-
läden markt auch **Falken** gehandelt. Ebenfalls das zum
Ausüben dieser Sportart nötige **Equipment,** wie
etwa lederne Schutzhandschuhe, Kappen, damit
die Tiere nichts sehen können, oder Pflöcke, auf
denen die Vögel Platz nehmen können.

Tiermarkt Beim Central Market liegt auch der Tiermarkt *(Li-
vestock-Market* bzw. *Animal-Market,* am besten die
Richtung zeigen lassen). Nicht nur, dass hier **Hüh-
ner, Enten, Schafe und Ziegen** zum Verkauf bereit stehen. Auch **Kamele** warten darauf, von ihren
neuen Besitzern per Pick-Up in ihr neues Wüsten-
camp-Domizil gefahren zu werden. Am Rand stapeln sich Berge von **Viehfutter,** wie etwa Heubal-
len, Maissäcke, Alfalfabündel.

Waffenmuseum

Exponate Schwerter, Krummdolche, Gewehre, Speere, Ka-
nonen... die ganze **Waffenpalette aus allen Winkeln der Welt** findet man in diesem *Weaponry-
Museum.* Die Exponate sind alle im Besitz von
H.H. Shaikh Hamad bin Khalifa al-Thani.

Die meisten sind **traditionelle Stücke,** die der
Repräsentation dienten, wertvolle Gastgeschenke
waren oder schon lange im Familienbesitz der *Al-
Thanis* sind. Viele sind aus Gold oder Silber und
edlen Steinen oder mit Perlmutt besetzt. Die ältesten stammen aus dem 16. Jahrhundert. Fotos und
englische Begleittexte klären über Herkunft und
Historie auf.

Auf Dohas Palmenmarkt

SEHENSWERTES 163

Nur mit Anmeldung Wegen der prunkvollen Ausstellungsstücke lohnt eine Besichtigung nicht nur für Waffenfetischisten. Allerdings wird nur Eintritt gewährt, wenn man den Museumsbesuch **bei einem ansässigen Reiseveranstalter bucht.**

- **Adresse:** Al-Maha St. beim Immigration R/A

PRAKTISCHE REISETIPPS

Tipps für Aktionen mit Kindern

Wenn man mit Kindern Urlaub in Qatar macht, kann man Folgendes besuchen:

Parks — Beliebt ist der **Al-Bida Park** etwa in der Mitte der Corniche (Spielplätze, Half-Pipe, Rollschuhbahn, Autoscooter, Karussells, Pferdedroschken...) in der Nähe des Nationaltheaters. Auch am östlichen Ende der Uferstraße in der Nähe des Nationalmuseums gibt es einen Park mit Spielgeräten. Der größte Park der Stadt ist der **Al-Muntazah Park,** an der gleichnamigen Straße gelegen.

Aladdin Kingdom — Der Aladdin Kingdom **Vergnügungspark** bietet großen Spaß für kleine Leute (Karussells, Autoscooter und Co.). Er liegt in den nördlichen Außenbezirken von Doha, West Bay Lagoon.

Zoo — Dohas großer Zoo liegt etwa 20 km westlich des Zentrums (über Salwa Rd. oder Rayyan Rd. kommend den Schildern „Industrial Areas" folgen).

Palmeninsel — Mit Kindern ideal ist auch ein **Ausflug** auf die Palmeninsel, siehe weiter vorn.

Praktische Reisetipps

Unterkunft

Hotelpreise — In Qatar findet man **Hotels aller Luxus- und Preisklassen.** Mit Ausnahme der in der Extra-Rubrik aufgelisteten Hotels befinden sich alle anderen in Doha.

Die Hotelpreise (mit Ausnahmen der einfachen Hotels) sind abhängig von den **Saisonzeiten,** sie variieren zwischen Hauptsaison (engl. *high season,* November-April) und Nebensaison (engl. *low* *season,* Mai-Oktober) sowie oft auch zwischen Wochenende und wochentags. Insbesondere im Sommer können die Einsparungen beträchtlich sein. Auch wer länger bleibt, bekommt Rabatt.

Bei einer Preisanfrage sollte man sich erkundigen, ob **tax** und **service charge** (Steuer und Servicepauschale) schon inklusive sind, denn je nach Hotel und Zimmer können beide zusammen 15-25% des Preises ausmachen.

Ausstattung In diesem Buch sind folgende **Ausstattungsmerkmale** aufgelistet:

S	hoteleigener Strand
P	Pool
W	Wassersport (z. B. Surfen, Segeln, Wasserski, Jetski)
T	Tennis
Sq	Squash
F	Fitness (z.B. Fitnessraum, Sauna, Jacuzzi, Massage)
R	Restaurant/Lounge/Coffee Shop
B	Bar

Hotels der Luxusklasse Die **Preise** in einem 5-Sterne-Hotel betragen ab 590 QR (ca. 190 €, ca. 370 DM) für ein Doppelzimmer, Suiten entsprechend mehr. Eine Nacht in einem 4-Sterne-Hotel kostet ab 430 QR (ca. 140 €, ca. 270 DM) in einem Doppelzimmer.

Es gibt zahlreiche günstige **Package-Angebote,** Weekend-Offers oder Summer-Specials mit allem inklusive vom Flughafentransfer über Halbpension und Sport bis zur Stadtrundfahrt. Unbedingt danach fragen.

Im Bau befindlich sind die De-Luxe-Strandhotels „Inter-Continental" (zwischen Sheraton Hotel und Diplomatic Area, südlich von Aladdin Kingdom, Eröffnung für November 2000 geplant, Infos in Deutschland Tel. 01 30/85 39 55) und „The Ritz Carlton" (376 Zimmer, mit Privatinsel und Yachthafen, West Bay Lagoon, Eröffnung voraussichtlich Frühjahr 2001, Infos in Qatar: Telefon 4 81 23 34, www.qnhc.com/, dem Link „Ritz Carlton" folgen). In fernerer Zukunft sollen ein „Four Seasons" und ein „Holiday Inn" folgen.

PRAKTISCHE REISETIPPS

- **Doha Marriott Gulf**
Ausstattung: S P W T Sq F R B / mit Marina, am Strand im Osten der Stadt, 320 Zimmer, Garten, P.O. Box 19 11, Tel. 4 43 24 32, Fax 4 41 87 84, www.marriott.com
- **Ramada**
Ausstattung: P T Sq F R B / 328 stilvolle Zimmer im Stadtzentrum, an der Kreuzung C-Ringroad/Salwa Road gelegen, Golf Driving Range, es existiert ein kleiner Garten, P.O. Box 17 68, Tel. 4 41 74 17, Fax 4 41 09 41, www.ramada-hotels.com
- **Sheraton Doha Hotel and Resort**
Besonders empfehlenswert. Ausstattung: S P W T Sq F R B / „Die Pyramide des Golf", 297 Zimmer und 74 Suiten, alle mit Balkon, gelegen an der West-Bay mit schöner künstlicher Bade-Lagune und Garten, Golf Driving Range, Bowling-Centre, P.O. Box 60 00, Telefon 4 85 44 44, Fax 4 82 23 23, sheratondoha@qnhc.com, www.sheraton.com
- **Sealine Beach Resort**
Besonders empfehlenswert. Strandresort außerhalb von Doha, südlich von Mesaid und nördlich der Sanddünen um den Khor Udaid (siehe „Ausflugsziele").

<u>**Hotels der Mittelklasse**</u>
Mittelklassehotels liegen im Zentrum von Doha. Die **Preise** für Doppelzimmer betragen regulär ab 240 QR (ca. 77 €, ca. 150 DM), aber auch hier gibt es viele Angebote und Handelsspannen.

Nach Eröffnung des **im Bau** befindlichen Einkaufszentrums „City Centre Qatar" wird ein wahrscheinlich angegliedertes Hotel Gäste empfangen. Baubeendigung voraussichtlich November 2000.

- **Al-Bustan**
Ausstattung: R / gelegen an der Al-Muthaf Street, vom Museum stadteinwärts, P.O. Box 955, Tel. 4 32 88 88 sowie 4 35 22 27, Fax 4 43 61 11, albustan@qatar.net.qa
- **Regency**
Besonders empfehlenswert. Ausstattung: R / preiswertes Hotel dieser Klasse, an der Asmakah St., P.O. Box 90 12, Tel. 4 36 33 63, Fax 4 32 52 32, hregency@qatar.net.qa
- **Oasis Hotel and Beach Club**
Ausstattung: S P W T Sq F R B / Qatars preiswertestes Strand-Hotel, gut ausgestattet, aber renovierungsbedürftig, P.O. Box 717, Tel. 4 42 44 24, Fax 4 32 70 96, oasis_hotel@hotmail.com
- **Sofitel Doha Palace**
Besonders empfehlenswert. Ausstattung: P F R B / gutes Businesshotel der gehobenen Mittelklasse, im Stadtzentrum an der Abdullah bin Thani Street, P.O. Box 75 66,

PRAKTISCHE REISETIPPS

Tel. 4 43 52 22, Fax 4 43 91 86 sowie 4 42 21 18, sofisale@qatar.net.qa

Einfache Hotels

In den Souqgebieten von Doha finden sich auch einige einfache Hotels, die **Preise** betragen für ein Doppelzimmer ab 95 QR (ca. 30 €, ca. 60 DM).

● **Dana**
Ausstattung: R / gelegen im Zentrum, im Goldsouq, P.O. Box 1 52 07, Tel. 4 35 65 65, Fax 4 35 65 66
● **Doha Palace**
Ausstattung: R / im Zentrum, Wadi Musheireb St., P.O. Box 2 01 25, Tel. 4 36 01 01, Fax 4 42 39 55
● **Doha Tower**
Ausstattung: R / gelegen im Zentrum, im Goldsouq, P.O. Box 15 42, Tel. 4 35 46 46, 35 47 47, Fax 4 41 00 01
● **Middle East Hotel**
Besonders empfehlenswert. Ausstattung: R / preiswerte Zimmer mit Bad und Küche im Zentrum, Asmakah St., P.O. Box 53 30, Tel. 4 36 73 01, Fax 4 36 73 03
● **New Capital Hotel**
Ausstattung: R / im Zentrum, Wadi Musheireb St., P.O. Box 10 03, Tel. 4 44 54 45, Fax 4 44 22 33
● **Safeer**
Besonders empehlenswert. Ausstattung: R / gelegen neben dem Nationalmuseum in der Muthaf Street, P.O. Box 36 72, Tel. 4 35 39 99, Fax 4 35 38 88
● **Shezan**
Ausstattung: R / C-Ringroad, zwischen Hamad Hospital und TV Roundabout, P. O. Box 56 16, Tel. 4 86 52 25, Fax 4 86 52 67
● **Qatar International Hotel**
Ausstattung: R / im Zentrum, Wadi Musheireb St., P.O. Box 25 72, Tel. 4 36 12 22, Fax 4 44 24 13
● **Qatar Palace**
Besonders empfehlenswert. Ausstattung: R / sauberes Hotel, im Zentrum gelegen, Asmakah St., P.O. Box 11 01, Tel. 4 42 15 15, Fax 4 32 15 15

Jugendherberge

Männliche Reisende können in der Jugendherberge (engl. *Youth Hostel,* arab. *bait ash-shabab*) übernachten. Die Herberge gehört dem Internationalen Jugendherbergsverband an. Der Preis für eine Nacht in einem Mehrbettzimmer beträgt 40 QR. Mann wird aber nur aufgenommen, wenn man einen **Mitgliedsausweis** besitzt. Dieser wird auch an Erwachsene vergeben, direkt in

Qatar oder beim **Deutschen Jugendherbergswerk,** D-32754 Detmold, Tel. 0 52 31/7 40 10, Fax 0 52 31/74 01 49.

●**Qatar Youth Hostels Association**
Im Stadtteil Al-Murabaa, hinter der Verkehrspolizei (trafficpolice), P.O. Box 96 60, Tel. 4 86 71 80, 4 86 64 02, Fax 4 86 39 68

Gastronomie

Öffnungszeiten

Die **meisten Restaurants, v.a. die der Hotels,** servieren über Mittag (engl. *lunch*) und am Abend (engl. *dinner*) zwischen 12 und 15 sowie 19 und 23 Uhr. Einige Hotelrestaurants haben allerdings nur abends geöffnet. Freitagmittag schließen viele wegen des Freitagsgebetes.

Die **Coffeeshops und Lounges der großen Hotels** haben oft 24 Stunden oder zumindest von frühmorgens bis spätabends offen. Üppige Buffets gibt es aber nur zu den üblichen Speisezeiten.

Restaurants in den Einkaufszentren haben meist die oben erwähnten Öffnungszeiten (12 und 15 sowie 19 und 23 Uhr), Cafés von morgens bis abends, auch wenn die benachbarten Geschäfte und Boutiqen über Mittag geschlossen sind.

Etliche **kleine Straßenrestaurants und Imbisse** haben von morgens bis spätabends durchgehend offen.

Die meisten **Cafés** haben von morgens bis abends geöffnet.

Einige **Bars** haben schon mittags oder ab dem späten Nachmittag geöffnet und schenken Getränke aus, die meisten machen aber am späten Nachmittag oder frühen Abend auf. Freitags öffnen einige schon am frühen Nachmittag. Die Zeiten, zu denen sie schließen, sind unterschiedlich, manche drehen den Bierhahn schon ab 23 Uhr zu, andere erst um 1 oder 2 Uhr zu.

Zur Situation während des Fastenmonats Ramadan siehe „Praktische Reisetipps A–Z, Feste und Feiertage".

PRAKTISCHE REISETIPPS

Luxus-restaurants
Luxusrestaurants gehören zu internationalen Hotels und bieten **erstklassige Speisen aus aller Welt in exklusivem Ambiente.** Damit keine Langeweile aufkommt, gibt es oft ein anderes Menü, eine wechselnde Spezialität des Tages oder ein preiswertes Komplett-Menü. Viele Hotels bieten (oft in wöchentlichem Rhythmus) **wechselnde Themen- oder Spezialitätenabende,** die ähnlich wie die Vielfalt der Speisen den ganzen Globus umspannen.

Ein erstklassiges **Buffet** in einem Luxushotel bekommt man schon ab 40 QR (ca. 13 €, ca. 25 DM). Preiswert und üppig sind die Freitags-Brunch-Buffets. An so manchem Abend spielt eine Live-Band beschauliche Klänge.

Abends, insbesondere an Donnerstagen oder an Feiertagen, kann eine **Reservierung** empfehlenswert sein.

Einige der hier genannten Hotelrestaurants besitzen eine **Alkohollizenz.**

Lage und Telefonnummern der Hotelrestaurants siehe oben unter den Hotelbeschreibungen.

Nach Eröffnung der Hotels „Inter Continental", „Ritz Carlton", „Four Seasons" und „Holiday Inn" gibt es sicherlich noch mehr Luxushotels in Doha.

International:

●**Al-Lewan**
Besonders empfehlenswert. Internationale Menüs a la carte und Alkoholika in edlem Ambiente, im Al-Dana Club am Al-Khalifa Tennis Stadion, Markhiya St., Tel. 4 83 47 00

●**Al-Shaheen**
Internationale Gourmetgerichte a la carte in elegantem Flair, Alkoholausschank (nur abends), mit Live-Musik und großartigem Panoramablick von der „Spitze" des Sheraton Doha Hotel and Resort

Kontinental:

●**Café Med**
Mediterrane Speisen a la carte und Frühstücks-, Mittags- und Abendbuffets, Show-Küche, im Doha Marriott Gulf Hotel

- **Il Mediterraneo**
Besonders emfehlenswert. Mediterrane Gourmetgerichte und Alkoholika im Doha Golf Club, Tel. 4 83 22 38
- **Maxim**
Feine französische und moderne mediterrane Gerichte à la carte und Alkoholika, Sa bis Do abends, im Ramada Hotel
- **La Veranda**
Italienisches Bistro mit Holzofen, abends Live-Musik, auch draußen „trattoria", im Sheraton Doha Hotel and Resort

Asiatisch:

- **Asia Live!**
Besonders emfehlenswert. Japanisches Teppanyaki oder Sushi und viele Menüs aus allen Winkeln Ostasiens, auch Alkoholika, nur abends, Sa geschlossen
- **Chingari**
Indisches Tandoori-Restaurant mit Alkoholausschank im Ramada Hotel, nur Dinner, Sa geschlossen
- **Hong Kong Seafood**
Frische Fischgerichte, chinesische Küche und Alkoholika, auch private Speiseräume, im Al-Dana Club am Al-Khalifa Tennis Stadion, Markhiya St., Tel. 4 83 47 00
- **Shebastan Palace**
Besonders emfehlenswert. Erstklassige persische Küche, hübsches Dekor, frisches Brot aus traditionellem Tannur-Ofen, große Portionen, Al Sadd St., gegenüber von der Al-Sadd Plaza, Tel. 4 42 55 99, 4 42 22 66
- **Taj Rasoi**
Traditionell indische Speisen in indischem Ambiente und Einblick in die Show-Küche, im Doha Marriott Gulf Hotel

Amerikanisch:

- **Laffan**
Legere Tex-Mex-Restaurant-Bar, abends Live-Musik, im Sheraton Doha Hotel and Resort
- **Salsa**
Besonders empehlenswert. Nur abends: Tex-Mex, Margaritas und Live-Musik im Doha Marriott Gulf Hotel, So geschlossen

Grillpartys:

- **Barbeque am Pool**
Besonders empfehlenswert. Falls das Wetter es zulässt, mittwochabends Buffet-BBQ im Al-Dana Club am Al-Khalifa Tennis Stadtion, Markhiya St., Tel. 4 83 47 00
- **Pirates Cove**
Besonders empfehlenswert. Legere Stimmung, Fisch-und-Fleisch-Barbeque, große Salatauswahl, Alkoholika und Live-Musik unter freiem Himmel an der hauseigenen Lagune des Sheraton Doha Hotel and Resort, nur abends

PRAKTISCHE REISETIPPS

●**Under the Stars**
Besonders empfehlenswert. Mehrmals pro Woche steigt diese abendliche Grillparty auf der Garten- und Beachterrasse des Doha Marriott Gulf Hotels, auch Alkoholika und Live-Entertainment

Mittelklasserestaurants

Es lohnt, in Restaurants außerhalb der Hotels zu speisen. Es gibt viele preiswerte **arabische oder asiatische Gaststätten** der Mittelklasse.

Buffets sind keine Seltenheit. In der Qualität und Reichhaltigkeit stehen so manche den Hotelbuffets in nichts nach, und mit einem Durchschnittspreis von 30-40 QR sind sie durchaus erschwinglich.

Alkohol wird in den allermeisten Restaurants außerhalb der Hotels nicht ausgeschenkt.

Liebhaber von asiatischem Essen werden in der **Suhaim bin Hamad St.** (Verlängerung der C-Ringroad, zwischen Ramada Kreuzung und Al-Sadd R/A) fündig.

Eine große Auswahl finden Sie **am Ende der Al-Sadd St.** und in **der Al-Mirqab al-Jadeed St.** (auch Nasr St. genannt, parallel zur Salwa Rd. und Al-Sadd Rd., abzweigend von der Suhaim bin Hamad St.).

Einfach zu finden: Drei Restaurants auf einen Streich reihen sich am **alten Dhauhafen** nebeneinander, siehe „Sehenswertes, Dhauhafen".

International:

●**Al-Gharbi**
Am Dhauhafen
●**Automatic**
Internationale und arabische Küche, Grillgerichte, Fisch, private arabic-style Speiseräume, am Ende der Al-Sadd St., Tel. 4 42 59 99, 4 42 91 11
●**Venice** (Tipp)
International, italienisch, arabisch u. Fischgerichte, schickes Interieur, am Ende der Al-Sadd St., Tel. 4 44 17 50

Kontinental:

●**La Brasserie**
Französische Küche, im Sofitel Doha Palace Hotel

PRAKTISCHE REISETIPPS

- **La Taverna**
Authentisch-italienisches Dinner in legerer Atmosphäre, nur Abendessen, im Oasis Hotel and Beach Club
- **La Villa**
Besonders empfehlenswert. Geschmackvolle mediterrane Speisen in der originellen Einrichtung einer Landhausvilla mit Aussicht auf das Stadtzentrum, nur Abendessen, im Hotel Sofitel Doha Palace
- **Colosseum**
Modernes, farbenfrohes Pizza & Pasta Restaurant, Salwa Rd., neben The Centre, Tel. 4 41 00 21

Arabisch:

- **Al-Hamra**
Al-Rayyan Rd., bei der Bida-Kreuzung Tel. 4 43 32 97, 4 36 13 00
- **Al-Khaima**
Gute libanesische Gerichte, 24 h offen, am Ende der Al-Sadd St., Tel. 4 44 69 62
- **Al-Majlis Al-Arabi**
Besonders empfehlenswert. Leckere libanesische Gerichte, traditionelles Dekor und private Speiseräume mit Sitzkissen, am Ende der Al-Sadd Street im Souq Ali bin Qassim, Tel. 4 44 74 17
- **Al-Qalaa**
Besonders empfehlenswert. Arabische Speisen
- **Al-Sharqui**
Am Dhauhafen

Asiatisch:

- **Al-Mudiyaf**
Orientalisch und kontinental, Suhaim bin Hamad St., Tel. 4 36 37 00
- **Alshoka**
Indisch, chinesisch, japanisch, Suhaim bin Hamad St., Tel. 4 44 41 06
- **Al-Qalaa**
Besonders empfehlenswert. Persische Speisen
- **Bangkok Thai**
Thailändisch und chinesisch, Suhaim bin Hamad St., Tel. 4 36 54 23
- **Bejing Chinese**
Exzellent-chinesisch, beim Ramada Hotel gelegen, Tel. 4 35 86 88
- **Bukhara**
Indische Tandoori-Gerichte in stilvoll-dunkler Einrichtung, Khalifa St. am Khalifa Tennis- und Squashstadion linker Hand von Fuddruckers, Tel. 4 83 33 45, 4 40 96 14

PRAKTISCHE REISETIPPS

- **Caravan**
Indisch, chinesisch, philippino, Ramada-Kreuzung, Ecke C-Ringroad/Salwa Rd., Tel. 4 32 03 20
- **Far East**
Gute Auswahl thailändischer Küche, Al-Mirqab al-Jadeed St., Tel. 4 41 16 69
- **Mandarin**
Chinesische Küche und Alkoholika im Oasis Hotel and Beach Club
- **Moon Palace**
Koreanisch und japanisch, Al-Mirqab al-Jadeed St., Telefon 4 32 97 07
- **Thai Kitchen**
Kleines Restaurant mit thailändichen Speisen, Al-Mirqab al-Jadeed St., Tel. 4 41 40 67

Amerikanisch:

- **Bennigan's**
Irisch-amerikanische Grilltaverne beim Khalifa International Tennis and Squash Complex
- **Rick's Country Kitchen**
American-Style, Ras Abou Abboud, Tel. 4 43 78 46
- **The Old Manor**
Stilvolles Steakhouse im Hotel Sofitel Doha Palace, nur Dinner
- **Fuddruckers**
Modernes, saloppes und bei Expats beliebtes Fast-Food-Restaurant, Khalifa St., am Khalifa Tennis- und Squashstadion, Tel. 4 83 39 83, 4 83 39 93

Fisch:

- **Best Fish**
Hell, freundlich und lecker
Al-Sadd St., Tel. 4 44 76 56
Al-Mirqab al-Jadeed St., Tel. 4 43 85 40
- **Captain Jack's**
Gute Fischgerichte, Ecke Salwa Rd./C-Ringroad, Telefon 4 44 34 40
- **Marhaba Fish Market**
Am Dhauhafen

Einfache Imbisse

Straßenrestaurants und Gastarbeiterlokale weisen einen **hohen hygienischen Standard** auf, so dass man dort unbesorgt und für wenig Geld einen Snack oder ein Tellermenü zu sich nehmen kann (schon für unter 5 QR).

In den meisten kleineren und preiswerten Straßenimbissen bekommt man **Sandwiches** sowie **indische und pakistanische Reisgerichte,** letztere werden nachgefüllt bis zum Abwinken. Am verbreitetsten ist das arabische *shawarma*: auf einem großen Drehspieß gegrilltes Lamm- oder Hühnchenfleisch, das mit Salat in eine Brottasche gerollt und als Sandwich überreicht wird, und das zum Preis von nur 2-3 QR.

In der **Al-Mirqab al-Jadeed St.** (siehe oben unter „Mittelklasserestaurants") gibt es reichlich Möglichkeiten, gut und preiswert zu essen.

Auch an der **Kreuzung Khalifa St./Ahmad bin Ali St.** (=TV R/A) reihen sich viele (Fast-Food) Restaurants aneinander (Fisch, arabisch, Cafeterias, Burger, Pizza …).

In der im Zentrum gelegenen Haupteinkaufsstraße **Kahraba St.** gibt es etliche Restaurants mit erschwinglichen arabischen Speisen.

Sehr billige Restaurants mit einfachen pakistanischen, indischen oder arabischen Speisen findet man in großer Zahl **im Stadtzentrum und um den Souq.**

Fast Food

Als Fast-Food-Junkie braucht man nicht auf **Hamburger oder Pizza** zu verzichten, internationale Ketten garantieren den gewohnten Geschmack.

Fast-Food-Restaurants aller Variationen (Burger, Pizza, Taco's, Chicken, Sandwiche, Steakhouse, Salate…) findet man **um die Ramada-Kreuzung** (Kreuzung C-Ringroad/Salwa Rd.) u.a. im sog. Sterling Complex, bestehend aus acht nebeneinander gelegenen Restaurants) und **beim Einkaufszentrum The Centre.**

Das Opera-Café ist sehr beliebt

PRAKTISCHE REISETIPPS

Cafés

In allen großen Hotels gibt es Cafés, Coffeeshops oder Lounges, einige mit 24-Std.-Service. Die Hotels Sheraton und Ramada haben nette Cafés unter Palmen.

In Einkaufszentren und Shopping Malls von Doha sind weitere Cafés oder Eisdielen untergebracht.

An der Corniche gibt es mehrere schöne Cafés mit Terrassen am Meer (siehe „Sehenswertes, Uferpromenade").

Entlang der **Salwa Rd.,** südwestl. der Ramada-Kreuzung (rechte Straßenseite), finden sich drei erstklassige Cafés (siehe unten).

●**Café Batteel**
Besonders empehlenswert. Café mit nettem Flair und vielen hausgemachten Leckereien für Naschkatzen (Kuchen, Eiscreme, Pralinen, Brot ...), Salwa Rd., südwestl. der Ramada-Kreuzung
●**Eli France Coffee Shop**
Mit hauseigener Patisserie, Salwa Rd., südwestl. der Ramada-Kreuzung

- **Fauchon Salon du Thé**
Sehr gut und entsprechend teuer, Salwa Rd., südwestl. der Ramada-Kreuzung
- **Hyde Park**
Sehr populärer Coffee Shop im Ramada Hotel
- **Internet Café**
Al-Khaleej St. beim Jaidah Flyover R/A
Al-Bidda St. von der Corniche kommend rechter Hand etwas abseits
- **Magnet Internet**
Internet-Café im Al-Bustan Centre, Al-Sadd St., neben der Sadd Plaza
- **Opera Café**
Besonders empfehlenswert. Beliebter Treffpunkt, im Einkaufszentrum The Mall, D-Ringroad
- **Trottoir**
Französisches Café in der Lobby des Doha Marriott Gulf Hotels

Bars

Alle Luxus- und Mittelklassehotels von Doha besitzen ein Etablissement mit Abendunterhaltung und Alkoholausschank. Allerdings heißt es überall *No qataris allowed* und manchmal zudem *Members and guests only*. Diese Mitgliedschaft gibt es oft nicht nur in Jahresform, sondern auch auf Tagesbasis, ab 50 QR.

Zum Thema Alkohol siehe auch „Praktische Reisetipps A–Z, Essen und Trinken", zu Öffnungszeiten siehe weiter vorn.

- **Al-Mina Sports Lounge**
Besonders empfehlenswert. Populäre Sportbar mit Billard, Dart, Musik und Tanz, Live-Sportübertragungen im TV, im Doha Marriott Gulf Hotel
- **Al-Lewan**
Bar im Al-Dana Club am Al-Khalifa Tennis Stadion, Markhiya St., Tel. 4 83 47 00
- **Laffan**
Legere Tex-Mex-Bar & Restaurant, abends Live-Musik, im Sheraton Doha Hotel and Resort
- **Salsa**
Legere Tex-Mex-Bar & Restaurant mit abendlicher Live-Musik, im Doha Marriott Gulf Hotel
- **Shehrazad**
Bar mit allabendlicher Live-Musik im Ramada Hotel, Mi und Do Disko
- **The Library**
Cocktail Lounge im Ramada Hotel mit Panoramablick auf die City

PRAKTISCHE REISETIPPS

Geldwechsel

Wechselstuben

Wechselstuben (engl. *exchange offices*) sind die **beste Adresse.** Sie bieten die mit Abstand günstigsten Kurse, die Bearbeitung geht meist schnell und unkompliziert, und ihre Öffnungszeiten sind kundenfreundlicher als die der Banken. Neben dem Devisenwechsel bieten die großen Exchangecentres auch den Kauf und Verkauf diverser Währungen und Reiseschecks, den Geldtransfer zu großen internationalen Banken und einen Geldautomaten.

Zahlreiche Wechselbüros finden sich **im Stadtzentrum,** insbesondere in den Straßen um den Souq. Sie bieten alle schnellen Service, und die Kursunterschiede zwischen einzelnen Wechselstuben sind minimal.

Wechselstuben **öffnen** samstags bis donnerstags etwa 8-13 und 16-20 Uhr, viele auch über Mittag und einige sogar freitags.

Banken

In Doha sind zahlreiche große internationale Banken präsent. Hier Geld zu wechseln, bedeutet vergleichsweise **schlechte Wechselkurse** und langwierigere Formalitäten als in den Wechselstuben. Entlang der Grand Hamad St. haben diverse Großbanken ihr Hauptbüro.

Banken **öffnen** samstags bis mittwochs meist 8-12 Uhr, donnerstags 7.30-11 Uhr. Manche Filialen sind auch nachmittags von 16 bis 18 oder 19 Uhr offen.

Geldautomaten

Das Netz der Geldautomaten (engl. *automatic teller machines,* Abk. *ATM*) in Doha ist dicht, so dass man mit seiner **Kreditkarte** auch außerhalb der Öffnungszeiten Bargeld abheben kann.

Hotels

Wie überall wechseln auch Hotels Geld, aber die **Kurse sind sehr schlecht.**

Zu Reisekasse und Wechselkursen siehe „Praktische Reisetipps A–Z, Geldfragen".

Shopping

Die Einkaufsmöglichkeiten sind vielfältig, die Stadt ist voller Geschäfte und Einkaufszentren aller Größen, in denen man vom Aktenkoffer bis zum Zahnstocher, vom Billigramsch bis hin zu edler Designermode so ziemlich alles findet.

Zu Dohas Souq und den Einkaufsmöglichkeiten im Zentrum siehe „Sehenswertes", zu Souvenirs siehe „Praktische Reisetipps A–Z, Einkaufen".

Einkaufszentren

Qatars größte Einkaufszentren sind:
- **The Mall:** D-Ringroad, Ecke Najma St.; modern elegant und beliebt mit vielfältigem Warenangebot, schicken Boutiquen und Food-Court, lohnenswert ist eine Kaffeepause in der allseits beliebten Opera Patisserie in der 1. Etage.
- **The Centre:** Salwa Rd. zwischen B- und C-Ringroad; im Kaufhaus-Stil.
- **Landmark Mall:** Medinat Khalifa, einen R/A nördlich des Immigration R/A in der Shamal Rd.; im Stil eines historischen Forts erbaut.
- **Al-Sadd Plaza:** Al-Sadd St., Ecke Suhaim bin Hamad St., modern mit 90 Geschäften.
- **Lulu Centre Department Store:** Al-Rayyan Rd., neues Kaufhaus.
- Vermutlich im November 2000 wird die riesige **City Centre Qatar Shopping Mall** ihre Pforten öffnen. Die nach Werbeangaben „größte Mall der Golfregion" findet man an der Ecke Al-Wahda St./Conference Centre St. auf dem Weg vom Sheraton Hotel in den Norden.

Sanddünenski, ein besonderer Wüstenspaß

Sport

In Hotels **Swimmingpool, Tennisplatz, klimatisierte Squashplätze und Fitnessräume, Sauna und Jacuzzi** gehören zur Grundausstattung der großen Hotels (siehe oben unter den Ausstattungsmerkmalen der Hotels).

Darüber hinaus stellen Strandhotels, Hotelresorts sowie Sport- und Marineclubs **Ausrüstungen für verschiedene Wassersportarten** wie beispielsweise Wasser- und Jetski, Windsurfen, Segeln und Wasserski bereit.

Baden Das Land ist zwar eine Halbinsel und natürlich gibt es Hunderte Kilometer Strand, aber Qatar eignet sich nur bedingt für einen Strandurlaub. Es gibt **drei Strandhotels** (den schönsten Badestrand hat das Sheraton, aber neue Luxushotels stehen vor der Eröffnung) und **keinen öffentlichen Badestrand.**

In den Monaten Januar und Februar ist das **Wasser** recht kühl. Angenehmer ist es davor im November/Dezember und danach im März/April.

Ein Tipp für alle Strand- und Wasserratten, die nicht in einem Beachhotel logieren: Alle Hotels bieten die Möglichkeit zur Nutzung ihres Strandes und der Sportanlagen auch für Nicht-Hotelgäste. Dazu bezahlt man einen Beitrag für eine **Tages- oder Wochenmitgliedschaft im Sportclub.** Diesen Service bieten auch die meisten hotelunabhängigen Sport- oder Strandclubs, in denen Einheimische und vor Ort lebende westliche Ausländer Dauermitglieder sind.

Golf

Der **Doha Golf Club** besitzt die mit 155 Hektar größte Rasenfläche des kleinen Wüstenstaates. Diese Rasenfläche verdankt ihr Entstehen zweierlei: viel Geld und großen Mengen Wasser, die in einem solch extrem trockenen Land von unschätzbarem Wert sind.

Durch die schaffende Hand des Kursdesigners *Peter Harradine* entstand ein raffinierter, 6686 Meter langer **18-Loch-Meisterschafts-Parcours.** Tonnenweise wurde fruchtbare Erde aufgeschüttet und mit Rasen kultiviert, acht künstliche Seen wurden geschaffen, 1300 Palmen und 32.000 Büsche angepflanzt und 66 Riesenkakteen aus Arizona importiert. Einzig die Schikanen (integrierte Hindernisse), die „Waste-Areas", sind hier natürlich.

Das gesamte Gelände ist von unterirdischen **Bewässerungsschläuchen** durchzogen, sie sind im wahrsten Sinne des Wortes die Lebensadern des Golfplatzes. 6000 m³ entsalztes Meerwasser verteilt das computergesteuerte System jeden Tag. Dank ständiger sorgfältiger Pflege kann dieses grüne Paradies seinen hohen Standard beibehalten. Nicht wundern, wenn's quakt: Sogar Frösche fühlen sich wohl hier.

1998 hat der Platz mit dem **Qatar Masters** als Event der PGA European Tour seine Feuerprobe bestanden.

Nicht nur die Seen, auch Sandflächen und steinige Passagen geben dem Spiel Pfiff und bieten Profis immer neue Herausforderungen. Weniger erfahrene Golfer können auf dem 2600 Meter langen **9-Loch-Übungskurs** spielen – unter Flutlicht sogar bis zum späten Abend.

Das im arabischen Stil mit Marmor, Stuck, Holzschnitzwerk und Wasserspielen dekorierte **Clubhaus** besticht durch seine schlichte Eleganz. Das dortige **Restaurant Il Mediterraneo** serviert mittags und abends mediterrane Speisen und schenkt feine Weine aus (auch für Nicht-Golfer).

Die Nutzung des Clubhauses und der Ausrüstungsverleih sind natürlich selbstverständliche Serviceleistungen.

Der **hohe Standard,** die professionellen Lehrer und das neuste High-Tech und Video-Equipment der Golf-Academy garantieren ein effektives Lernen und befriedigen höchste Ansprüche.

- **Adresse:** Doha, West Bay Lagoon, P.O. Box 1 35 30, Tel. 4 83 23 38, Fax 4 83 47 90, dohagolf@qatar.net.qa
- **Tipp:** Dohas Luxushotels bieten Golfern attraktive All-Inclusive-Package-Programme mit Flughafen-Transfer, Übernachtung, Frühstück, Mietwagen, Limousinenservice, Green-Fees, Cart-Miete o.ä. Besonders attraktiv: die Packages vom Sheraton Hotel.

Wassersport

Neben den oben genannten Hotels bieten auch die folgenden Clubs Wassersportmöglichkeiten:

- **Doha Sailing Association,** Tel. 4 43 98 40
- **The Regatta Company Sailing School,** Tel. 4 42 45 77

Tauchen

Für Profis ist Tauchen in Qatar unspektakulär, aber **Anfänger** können in den warmen, seichten Gewässern gut tauchen lernen.

Interessant sind zahlreiche **Schiffswracks,** die allerdings meist weit draußen liegen (70 km, 2 h Bootsfahrt). Bei Mesaid (ca. 45 Min. Bootsfahrt) gibt es zwei künstliche Riffe mit versenkten Autos und Bussen. Im Khor Udaid (siehe „Ausflugsziele") gibt es das **Othman-Riff,** doch sind die Korallen größtenteils abgestorben.

- **Doha Sub-Aqua Club**

Dieser Club gehört zum British Sub-Aqua Club, Tauchausflüge und Kurse werden nur für die Wochenenden ange-

boten, P.O. Box 50 48, Tel. und Fax 4 44 72 98, www.british-in-qatar.com/dsac.htm
- **Pearl Divers**
PADI-Kurse, Tauchgänge, Ausrüstungsverleih und Ausrüstungsladen (Mirqab al-Jadeed St.), P.O. Box 1 43 06, Tel. 4 44 95 53, 4 32 33 98, Fax 4 35 89 68, www.pearldivers.com

Sanddünenski

Sanddünenski ist einfach und macht **Riesenspaß**. Es ist kein ernster Sport, sondern just for fun. Man kann die Dünen entweder auf zwei Skiern mit Stöcken oder ähnlich wie beim Snowboard auf einem Brett hinabfahren.

Organisation durch die lokalen Tourveranstalter, meist obligat bei einer Fahrt zum Khor al-Udaid und die umliegende Sandwüste (siehe „Ausflugsziele").

Lokale Reiseveranstalter

Service

Diverse lokale Reiseveranstalter bieten ausländischen Urlaubern folgenden Service: **Sightseeing** in Doha und **Touren** im Land (Beispiele siehe unten), **Autovermietung, Zimmerreservation, Visabeschaffung, Airline-Agent.**

Agenturen
- **Arabian Adventures**
P.O. Box 44 76, Tel. 4 36 14 61, Fax 4 36 14 71,
- **Fahed Tours**
P.O. Box 2 29 90, Tel. 4 31 55 55, Fax 4 31 51 61
- **Qatar Holidays**
„The Destination Management Company", offiziell-staatlicher Tourveranstalter, P.O. Box 29 77, Tel. 4 85 77 65, 4 85 48 29, Fax 4 83 89 34, qatar.holidays@qnhc.com, www.qnhc.com/ (dem Link „Qatar Holidays" folgen). Informationsschalter in den Hotels Sheraton und Marriott

Standard-Programm

Von allen Veranstaltern angeboten:
- **Stadtbesichtigung Dohas**
- **Dhau-Cruise**
- **Besuch eines Kamelrennens**
- **Besuch der Oryx-Farm** (Al-Shahanya Park)
- **Wüstensafari & Inlandsee** (Khor Udaid)
- **Qatar's Norden**
- **Besuch des Waffenmuseums**

Spezial-Programm

Auf Anfrage:
- **Doha bei Nacht**
- **Dhau-Cruise bei Nacht**
- **Shopping-Tour**
- **Museum-Tour**
- **Besuch eines Pferderennens**
- **Besichtigung eines Araber-Pferdegestüts**
- **Dünendinner**
- **Übernachtung in der Wüste**
- **Hochseefischen**
- **Ölfelder**
- **Individuelle Tour, auch mehrtägig**

Wüstentouren & Wüstensandfahren

Persönlich geführte und individuell ausgerichtete Wüstentouren und Kurse im Tiefsandfahren organisiert der Brite *Tony Porter*.

Man sollte *Tony Porter* so früh wie möglich kontaktieren, damit der bestmögliche Service vorbereitet werden kann, P.O. Box 38 12; Tel. und Fax 4 67 12 06, Mobile 5 50 19 17, DesertExperience@hotmail.com und Tony3812@hotmail.com

Taxi

Siehe „Praktische Reisetipps A–Z, Verkehrsmittel".

Mietwagenagenturen

- **Avis**
C-Ringroad nahe Ramada-Kreuzung, P.O. Box 25 15, Tel. 4 44 77 66, Fax 4 44 16 26, Schalter am Flughafen, im Doha Marriott Gulf Hotel und Ramada Hotel
- **Budget**
Al-Rayyan Rd., P.O. Box 75 52, Tel. 4 41 95 00, Fax 4 41 90 77, Schalter am Flughafen
- **Euro Dollar**
Rayyan Rd., P.O. Box 36 35, Tel. 4 32 13 13, Fax 4 32 88 22
- **Europcar**
Al-Rayyam Rd., P.O. Box 76, Telefon 4 43 84 04 und 4 43 27 73, Fax 4 35 70 41, Schalter am Flughafen und im Mariott Hotel

- **Hertz**
Airport Rd., beim Al-Mana Tower, P.O. Box 97 58, Tel. 4 62 28 91, Fax 4 62 12 91
- **Mustafawi**
C-Ringroad, P.O. Box 48 32, Telefon 4 67 10 07, Fax 4 67 51 77, Schalter am Flughafen
- **Thrifty**
P.O. Box 2 22 29, Tel. 4 66 66 55, Fax 4 41 92 19, Schalter am Flughafen und im Hotel Sofitel Doha Palace

Limousinenservice

- **Doha Limousine,** Tel. 4 32 09 99, 4 83 99 99, jederzeit und überall, 40 QR pro Stunde, max. 25 km; oder 5 QR Grundgebühr + 2 QR je Kilometer; oder 8 h zum Preis von 400 QR
- Auch fast alle **Autoverleihfirmen** (siehe „Mietwagenagenturen") bieten Limousinen- bzw. Chauffeurservice.

Postämter

Hauptpostamt

Das Hauptpostamt Qatars (General Post Office) befindet sich in der **West-Bay Area,** an der Corniche, Ecke Markhiya St., zu erkennen am **pyramidenförmigen Gebäude** mit den vielen Rundbögen. Geöffnet: Sa bis Do 7-20, Fr 8-10 Uhr, Briefmarkensammler finden im „Philateristic Display" Nachschub für ihre Sammlung.

Weitere Postämter

Im Zentrum, Ecke Abdullah bin Qassim St./Al-Bareed St., gibt es auch ein Postamt, an das ein Postmuseum angegliedert ist. Das Postamt hat Sa bis Mi 7-14, 17-19, Do 8-11, 16-19 Uhr geöffnet, das Postmuseum Sa bis Do. 16-18 Uhr.

Auch die **großen Einkaufszentren** (z.B. The Mall) haben Poststellen.

Zu Porto siehe „Praktische Reisetipps A–Z, Post".

Krankenhäuser/Ärzte/Kliniken

- **Doha Clinic**
Al-Mirqab al-Jadeed St., Tel. 4 32 73 00

- **Hamad Hospital**
Al-Rayyan Rd., Tel. 4 39 22 22
- **Qatar Medical Centre**
Salwa Rd., westl. der Ramada-Kreuzung, Tel. 4 36 65 55
- **Queen Dental Clinic**
22. February St. (Verlängerung D-Ringroad), zwischen amerikanischer Botschaft und Immigration R/A, Telefon 4 86 00 24
- **Rumailah Hospital**
Al-Rayyan Rd., Tel. 4 39 33 33

Apotheken

Gut sortierte Apotheken (engl. *pharmacy*) findet man **überall** entlang der Hauptgeschäftsstraßen und in jedem größeren Einkaufszentrum. Die wechselnden **Nachtdienste** kann man den englischsprachigen Tageszeitungen entnehmen.

Polizei

- **Polizei,** Tel. 999
- **Traffic Police Department,** Khalifa St., östlich des Immigration R/A, Tel. 4 86 80 00

Fluggesellschaften

- **British Airways,** Tel. 4 32 14 34
- **Emirates,** Tel. 4 41 88 77
- **Gulf Air,** Tel. 4 45 54 44
- **KLM,** Tel. 4 32 12 08, 4 32 12 09, 4 31 12 10
- **Lufthansa,** Tel. 4 41 86 66
- **Qatar Airways,** Tel. 4 33 37 77, 4 33 36 66
- **Turkish Airlines,** Tel. 4 41 29 11, 4 45 83 11

AUSFLUGSZIELE

Ausflugsziele

Nach Norden

Al-Khor

Lage und Einwohner

Diese etwa 45 km von Doha entfernte, **an der Nordostküste** gelegene Stadt ist mit etwa 50.000 Einwohnern die drittgrößte Stadt Qatars. Doha und Al-Khor sind durch eine Küstenstraße direkt miteinander verbunden, man kann aber auch den alten Highway durchs Landesinnere fahren.

Schicke Villen von **Qataris,** denen es in Doha zu eng und hektisch wurde, flankieren die Straßen Al-Khors. Auch zahlreiche **Arbeiter,** die in den Erdgas- und Hafenanlagen der knapp 30 km nördlich gelegenen Ras Laffan Industrial City (siehe dort) beschäftigt sind, wohnen hier.

Geschichte

Archäologische Funde belegen, dass bereits im 5. Jahrtausend vor unserer Zeitrechnung Menschen **um Al-Khor gesiedelt** haben. Sie ernährten sich hauptsächlich von Fisch und Muscheln, was auch im Laufe der folgenden Jahrtausende gleich blieb.

Wann die **Perlentaucherei** in Qatar anfing, ist unklar, vermutlich betrieb das Land bereits Ende des 3./Beginn des 2. Jahrtausends v.Chr. Handel mit Dilmun. Und was anderes als getrockneten Fisch und Perlen konnten die Qataris anbieten?

Bis in die 40er Jahre des 20. Jahrhunderts hinein war Al-Khor ein **Zentrum der Perlentaucherei.** Wachtürme sollten den Schiffen und Händlern Schutz gewähren, trotz ihrer heutigen Bedeutungslosigkeit wurden einige durch Restauration zu neuem Leben erweckt.

Sehenswertes

Al-Khor hat eine ansehnliche **Corniche** mit einem belebten **Dhauhafen** im Süden der Bucht.

In der Nähe des Hafens ist in der ehemaligen Polizeistation ein kleines, aber feines **Volkskunde- und Archäologiemuseum** eingerichtet. Geöffnet: So bis Do 9-12, 16-19 Uhr, Fr nur nachmittags.

Al-Dhakhira

Wachsender Ort
Auch dieser einst kleine Küstenort wenige Kilometer nördlich von Al-Khor wächst immer mehr an, denn ebenso wie in Al-Khor werden auch in Al-Dhakhira immer **neue Wohnviertel** für die in der Industriestadt Ras Laffan arbeitenden Menschen geschaffen.

Mangroven-Halbinsel
Im Norden von Al-Dhakhira liegt die **Halbinsel Ras Umm Saa**. Sie wird auch Mangrovenhalbinsel genannt, denn in ihren Buchten stehen regelrechte Wälder der salzresistenten Mangrovenbäume. Im Frühling und Winter rasten hier zahlreiche Zugvögel, denn in den seichten Gewässern finden sie ausreichend Nahrung. Die eigentliche Halbinsel ist nur mit Allradwagen oder per Boot zu erreichen.

An den Wochenenden **campen viele Qataris** an den einsamen Buchten. Sie bringen große Mengen Trinkwasser und oftmals auch einen Dieselgenerator samt Mini-Kühlschrank und Fernseher mit.

Ras Laffan Industrial City

An der Ostküste liegt die bedeutsame Ras Laffan Industrial City, welche die Infrastruktur zur Erdgasförderung aus Qatars riesigem North Field birgt. Der künstlich geschaffene Hafen besitzt das weltweit größte Exportterminal für Flüssiggas.

Das North Field ist das drittgrößte Erdgasfeld der Welt, seine flächenmäßige Ausdehnung ist beinahe größer als die von Qatar an sich.

Al-Ruwais/Medinat al-Shamal

Al-Ruwais Al-Ruwais ist ein **kleiner Hafen an der nördlichsten Spitze Qatars,** etwa 100 km von Doha entfernt. Von hier sind es nur ca. 180 km Seeweg nach Iran. Dank einer natürlichen Fahrrinne durch die vorgelagerten Korallenbänke finden auch große Frachtdhaus ihren Weg hierher zu den Anlegestellen.

Auffallend: Hier gibt es das schönste Meeresblau Qatars.

Vorsicht, beim Fotografieren nicht die zum Hafen gehörige Küstenwache ablichten!

Medinat al-Shamal Kurz vor Al-Ruwais im Landesinneren liegt die Stadt al-Shamal. Einst wurde die Siedlung durch den Staat ins Leben gerufen, um Beduinen anzusiedeln. Heute ist Medinat al-Shamal ein kleiner, aber **typisch-qatarisch wohlhabender Ort.**

Hafenszene in Al-Ruwais

Al-Zubara

Lange Geschichte

Dieser **verfallene Ort an der Nordwestküste** Qatars (ca. 110 km von Doha) hat eine ereignisreiche Vergangenheit, die heute allerdings größtenteils vom Sand begraben ist.

Seit Mitte des 18. Jahrhunderts bis Beginn des 20. Jahrhunderts war Al-Zubara die größte Siedlung des Landes und eine **wichtige Stadt der Perltaucherei** und des Perlhandels. Töpfereifunde aus China und Münzen aus Europa bezeugen die **weltweiten Handelsbeziehungen.** Über 60 Hektar hat die zur Landseite umwehrte Stadt bedeckt (ein riesiges Bild im Waffenmuseum von Doha zeigt Al-Zubara in voller Größe). 2000-3000 Menschen haben in ihr gewohnt.

Teile des historischen Ortes wurden von dänischen und französischen Archäologen freigelegt. An den Mauerresten kann man gut erkennen, dass die **Häuser aus Korallenstein** hergestellt wurden.

Viele Jahre Zankapfel

Seit Mitte des 18. Jahrhunderts residierten hier 200 Jahre lang die **Al-Khalifas,** das heutige Herrschergeschlecht Bahrains. Sie wollten ihre Perlenfischergründe entlang der Golfküste ausweiten, weswegen der Ort auch stark befestigt war. Im Laufe der Jahre versuchten Perser und saudi-arabische Wahabiten Al-Zubara einzunehmen.

Auch kam es immer wieder zu **Auseinandersetzungen mit der Sippe der Al-Thanis,** die schließlich Anfang des 20. Jahrhunderts zusammen mit den Briten endgültig über Al-Zubara herrschten. Nach diesem Sieg verließen immer mehr – und schließlich alle – Bewohner Al-Zubara und zogen nach Bahrain, so dass der Verfall dieses Ortes besiegelt war.

Fort

Kurz nach der Machtübernahme der *Al-Thanis* wurde 1938 von *Shaikh Abdullah bin Qassim* das Fort erbaut. Bis in die 80er Jahre des 20. Jahrhun-

NACH NORDEN

derts wurde es vom Militär genutzt, heute ist in ihm ein bescheidenes **Museum** eingerichtet. Geöffnet: So bis Do 9-12, 16-19 Uhr, Fr nur nachmittags.

Umgebung An der Küste um Al-Zubara wurden **viele Fischerdörfer verlassen,** die Silhouette dieser Geisterorte belebt den eintönigen Horizont.

Die nur wenige Kilometer südwestlich von Al-Zubara gelegene **Halbinsel Ushairiy** ist zum Naturreservat erklärt worden.

Die Ruinen des historischen Al-Zubara

> ### Trinker der Lüfte
>
> Arabische Pferde (lat. *Equus caballus*), gelten wegen ihrer Schönheit, Ausdauer und Intelligenz als die vollkommenste aller Pferderassen. Immerhin war es Gott persönlich, der sie aus einer Hand voll Wind geschaffen haben soll. Das Glück ist in des Araberpferdes Mähne verflochten, und ohne Flügel soll es fliegen können. Die Lobpreisungen in der Beduinenpoesie und im Volksgesang sind genauso unendlich wie die Mythen und Legenden, die sich um diese göttlichen Geschöpfe ranken.
>
> Alten Überlieferungen zufolge wurde der Prophet *Muhammad* nach seinem Tod von einer weißen Araberstute namens *Burak* in den Himmel getragen. Daher ist die Liebe zu diesen Luxusgeschöpfen weitaus mehr als das Hobby schwerreicher Shaikhs.

Nach Westen

Al-Rayyan

Dieser etwa 35 km von Doha entfernte Ort hat sich ganz der **Pferdezucht** und dem **Rennsport** verschrieben.

Pferderennen — Auf dem **Al-Rayyan Racing Course** werden im Winterhalbjahr zwischen Oktober und April meist mittwochnachmittags Pferderennen veranstaltet.

Sie sind in drei **Kategorien** eingeteilt: Rennen für Araberpferde aus Übersee, Rennen für qatarische Araberpferde und Rennen für Vollblüter.

Für Pferdefans ein ganz besonderes Ereignis ist die alljährlich Ende März **abgehaltene „International Arab Hourse Show".**

● Infos zu dieser Show und zu den Rennen beim **Rayyan Racing and Equiesterian Centre,** Tel. 4 80 59 01, www.ihorizons.com/rec

Wüstenschiffe in voller Fahrt

Obwohl Kamele heute kaum noch von praktischem Nutzen oder zum Überleben in der Wüste notwendig sind, haben moderne Wüstenbewohner die Loyalität zu ihrem treuen Begleiter mit in die Gegenwart genommen und an der Tradition der Kamelrennen festgehalten.

Genau wie Pferderennbahnen sind die *Camel-Race-Tracks* oval angelegt – allerdings fünf bis 12 Kilometer lang. Männliche und weibliche Tiere laufen getrennt, denn letztere sind für gewöhnlich kleiner und schneller.

An den Startplatz werden die Tiere geführt. Nach dem Startschuss muss das Fußvolk eiligst die Flucht ergreifen, denn nur im seltensten Fall verläuft alles glatt. Die Szenerie gleicht einem riesigen orientalischen Tohuwabohu. Immer wieder bleiben einzelne Kamele wie angewurzelt stehen, kreisen irritiert auf der Stelle oder drehen um und breschen in die entgegengesetzte Richtung los. Andere rempeln sich im Zickzackkurs durch die Menge – auch gut trainierte Rennkamele sind unberechenbar und eigenwillig, da vermögen auch die energischen Peitschenhiebe der Jockeys nichts dran zu ändern.

Auf einer abgesperrten Außenbahn wird der ganze Tross von Trainern und Besitzern in ihren Allradwagen begleitet. Sie brüllen den Jockeys ihrer Champions über Walkie-Talkie letzte Anweisungen und Belehrungen aus dem Autofenster zu. Jeder der Wagen versucht, möglichst nahe an seinen Schützling heranzukommen, und so gleicht diese Szenerie einer wilden Jagd mit lautstarkem Gehupe, aber unfallfreiem Gedränge.

Die Jockeys der Wüstenflitzer müssen möglichst leichtgewichtig sein und sind daher Kinder. Da jedoch kein Qatari seinem Sprössling die Torturen und Gefahren eines solchen Wettkampfes zumuten würde, sitzen ausländische Jungen auf den holprigen Rennmaschinen. Offiziell dürfen sie nicht jünger als zwölf Jahre sein und müssen mindestens dreißig Kilo auf die Waage bringen, doch zumindest bei den Trainingsläufen kommen Zweifel an der Einhaltung dieser Bestimmung auf. Um Stürze zu vermeiden, tragen sie Helme und manche sind mit dem Po an einem extra starken Klettband auf dem Kamelsteiß festgeheftet. Dennoch hüpfen die meisten wie bunte Gummibälle auf und nieder.

WÜSTENSCHIFFE IN VOLLER FAHRT

Im Kamelrennsport mischt sich arabische Tradition mit einträglichem Geschäft. Die Teilnahme an Rennen und Kamelzucht gilt als Zeichen nationaler arabischer Identität. Hauptsächlich geht es um Ruhm und Ehre, doch den Kamelbesitzern und Trainern bringt der Sport auch Reichtum und eine gesicherte Zukunft. Geldpreise von umgerechnet fünf- bis zehntausend Mark sind dabei nur ein kleiner Vorgeschmack auf weitaus wertvollere Preise, die bei den großen Rennen winken. Ironie der Geschichte ist, dass das alte Reittier seinem Halter bei einem Sieg oftmals zum Besitz einer teuren Luxuslimousine verhilft. Wie vor Jahrhunderten ernährt es also seinen Eigentümer und ermöglicht ihm die zeitgemäße Fortbewegung.

Die heutige Zucht von Rennkamelen ist am Sieg orientiert und macht sich modernste wissenschaftliche Erkenntnisse zu Nutze. Die Wüstenschiffe werden hoch- und kreuzgezüchtet, sie verwandeln sich in windhundschmale Renntiere und sind nicht selten hypersensibel und neurotisch. Internationale Expertenteams entwickelten Programme zur Vervielfältigung der millionenschweren Pistenstars. Möglichst viele schnelle und gesunde Nachkommen lautet die Devise. Selektive Auswahl und Embryonentransfer bilden die Basis dieser „Zucht für den Sieg"

NACH WESTEN

Pferde-zucht

Das **Al-Shabaq-Gestüt** gehört dem Emir von Qatar, *H.H. Shaikh Hamad bin Khalifa al-Thani*. Hier werden manche der schönsten und wertvollsten reinrassig-arabischen Schaupferde der Welt gehalten. Aber auch etliche erstklassige Rennpferde und Marathon-Champions kommen aus dem Gestüt Al-Shabaq.

Al-Wajba-Fort

Auch das **älteste Fort Qatars,** das Al-Wajba-Fort, steht in Al-Rayyan. 1893 war es Austragungsort einer bedeutenden Schlacht, in der *Shaikh Qasim* die Türken besiegte und das Land aus den Händen dieser Besatzer befreite.

Shahaniya

Rund ums Kamel

In diesem etwa 35 km von Doha entfernten Ort (ab Doha zu erreichen über die Dukhan Rd.) dreht sich fast alles um **Kamelrennen,** um die **Aufzucht von Rennkamelen** und deren **Training.** Auf etlichen Farmen werden diese wertvollen Tiere gehalten, immer wieder sieht man Gruppen von ihnen zum Training Richtung Rennbahn schreiten.

In Shahaniya lohnt es, die **Kamelrennbahn** und die **Oryx-Zuchtfarm** zu besuchen.

Kamelrennen

Wenn die so plump gebauten Kamele rennen, dann sieht das wirklich alles andere als elegant aus. Doch sie sind schnell und flitzen hoch erhobenen Hauptes durch das Ziel.

Qatar schätzt sich stolz, Gastgeber der bedeutendsten Kamelrennen der Golfregion zu sein. Zum **Emir's Race Cup,** der alljährlich zum Ende der Rennsaison stattfindet, verfrachten Hunderte von Teilnehmern aus allen Winkeln der Golfregion ihre edlen Rennkamele auf Sattelschlepper. Wessen Kamel hier siegt, der kann sich allerhöchster Züchterehre erfreuen – und der sahnt einträgliche Gewinne (meist in Form von Luxusautos) ab. 10 Mio. Rial Preisgeld wurden im Jahr 2000 vergeben.

NACH WESTEN

Das **The Challenge** ist das allerletzte Rennen der Saison im April/Mai, auf dem die jeweils klassenbesten Kamele gegeneinander antreten.

Weitere wichtige Wettläufe sind von *H.H. Shaikh Abdullah* (Premierminister) und *H.H. Shaikh Jassin* (Thronfolger) gesponsort.

In der kühlen **Winterzeit** (Oktober bis April) finden nahezu **jedes Wochenende** (Do&Fr) Rennen statt. Wichtige Läufe werden in den Tageszeitungen angekündigt. Bei solchen Ereignissen versammelt sich auch Qatars blaublütige Herrscherelite höchstpersönlich auf den Ehrenrängen.

Training — Trainingsläufe finden **jeden Tag** statt, so dass man, auch wenn man nicht an einem Rennen teilhaben kann, hier einen interessanten Einblick in diese arabischste aller Sportarten bekommt.

Anfahrt — Anfahrt über die Dukhan Rd., vorbei am Shahaniya Oryx-Park (siehe unten), dahinter 1. Straße links, die große Tribüne und die roten Umfassungsgeländer sind gut sichtbar.

Oryx-Zuchtfarm — Im Al-Shahaniya-Park leben etwa **100 weiße Oryx-Antilopen.** Die Tiere fallen auf durch ihr langes Gehörn und ihre maskenähnliche Kopffärbung. Ein staatliches Programm widmet sich der Zucht dieser seltenen Antilopen, die einst die trockensten Wüstengebiete Arabiens durchstreiften, doch heute nirgendwo mehr frei leben. Als die Farm Mitte der 70er Jahre des 20. Jh. gegründet wurde, lebten nur noch sieben dieser Tiere in Qatar.

Für einen **Besuch der Oryx-Farm** braucht man eine Genehmigung, daher ist es am einfachsten, einen solchen Ausflug bei einem lokalen Tourveranstalter zu buchen.

Tipp: Die Shahaniya-Oryx sind scheu, und man kann sie nur aus der Ferne sehen. Wenn man die Tiere aus der Nähe ansehen will, kann man das im Doha-Zoo (siehe „Doha, Sehenswertes") tun, dort sind die Tiere durch Kindergeschrei abgehärtet.

Dukhan

Öl-Eldorado

Das ca. 85 km von Doha entfernte an der Westküste gelegene Dukhan ist das **Zentrum von Qatars On-Shore Ölproduktion.** Der Name *Dukhan* bedeutet übersetzt „Rauch" und bezieht sich darauf, dass hier nach den ersten Erdölförderungen der schwarze Qualm des verbrennenden Gases aufstieg.

Da sich an der Westküste kein Terminal zur Verschiffung des „schwarzen Goldes" anlegen ließ, wird alles Öl und Gas aus Dukhan via Pipelines an die Ostküsten nach Mesaid gepumpt, wo es auch weiterverarbeitet, gelagert oder exportiert wird. Entsprechend uninteressant ist der Ort, der vornehmlich aus Ölarbeiter-Siedlungen besteht.

Königin der Wüste

Als die Königin aller Antilopenarten gilt die schneeweiße arabische Oryx (*Oryx leucoryx*). Am auffälligsten an den edlen Tieren sind ihre schwarze Kopfzeichnung und ihre spitzen, knapp einen Meter langen, spiralförmig gewundenen Hörner.

Die 80 bis 150 Kilogramm schweren Spießböcke ernähren sich von vertrockneten Wüstengräsern und Kräutern, für die sie in ihrer kargen und unwirtlichen Umwelt oft weite Wege auf sich nehmen müssen. Oryx können besser als jedes Kamel sehr lange ohne zu trinken leben. Ihnen reicht die Feuchtigkeit, die sie durch die Nahrung und den Morgentau aufnehmen – der längste bekannte Zeitraum ohne zu trinken beträgt elf Monate.

Trotz ihrer blendend weißen Farbe sind die Oryx sehr gut getarnt, denn im gleißenden Sonnenlicht und der flimmernden Hitze werden sie nahezu „unsichtbar". Einst lebten sie auf der gesamten arabischen Halbinsel und im nahen Osten, doch ihre Hörner waren eine zu beliebte Jagdtrophäe, so dass die Königin der Wüste heute vom Aussterben bedroht ist.

Nach Süden

Alte Ruinen — Nördlich von Dukhan haben archäologische Grabungen bei Murwab die **Ruinen eines frühislamischen Dorfes,** dessen Häuser sich um die Herrscherfestung gruppierten, zu Tage gefördert. Auch bei Ras Uweinat, Bir Zekrit und Umm al-Ma'a wurden Artefakte gefunden, die zum Teil im Nationalmuseum von Doha ausgestellt sind.

Off-Road — Schön, aber nur mit Allradwagen zugänglich ist die **Gegend nördlich von Bir Zekrit bis zum Ras Abruq.**

Nach Süden

Al-Wakra

Wichtiges Wasser — Al-Wakra ist ein ca. 15 km südlich von Doha, auf dem Weg nach Mesaid gelegener **Küstenort** (zu erreichen über die Airport Rd.). In der Vergangenheit war der Ort ein wichtiges Zentrum der Fischerei und des Perlenhandels.

Heute hat Al-Wakra eine neue Bedeutsamkeit, denn in der hiesigen **Meerwasserentsalzungsanlage** wird nahezu das gesamte Brauchwasser des Landes destilliert.

Beliebter Wohnort — Viele, die in der Industrial City von Mesaid arbeiten, haben Al-Wakra als ihren Wohnort auserkoren. Und immer mehr ziehen aus Doha in die **ruhige Kleinstadt,** was man anhand der vielen Neubauvillen gut erkennen kann. Der Ort hat einen bei Einheimischen beliebten, breiten **Sandstrand.**

Sehenswert — Sehenswert sind der **Dhauhafen** am Ende der Hafendammstraße und ein kleines **Museum,** geöffnet (zumindest theoretisch): So bis Do 9-12, 16-19 Uhr, Fr nur nachmittags.

Mesaid

Industrie und Wüste

Der einst *Umm Said* genannte Ort liegt ca. 40 km südlich von Doha an der Ostküste. Mesaid ist die zweitgrößte Stadt Qatars und das **Zentrum der Schwer- und Petrochemie** (Stahlwerk, Düngemittelfabrik, Gasverflüssigungsanlage, Raffinerien, Erdölterminal ...). Unzählige Pipelines mit Rohöl, Natur- und Flüssiggas laufen über den Grund um Mesaid. Die meisten Betriebe liegen in der Industriestadt um den Hafen. Andere Stadtteile sind **Wohnviertel der Industriearbeiter.**

Südlich von Mesaid beginnt Qatars sehenswerteste Naturschönheit: die **Sandwüste**.

Unterkunft

Im ca. 15 km südlich gelegenen **Sealine Beach Resort** kann man es sich am Rande der Wüste gut gehen lassen.

Ausstattung: S P T Sq F R B / Strandresort mit 35 Zimmern, 2 Suiten, 20 Chalets und 20 Villen (bis zu 6 Personen), Sandkartverleih, Jetski, Pony- und Kamelreiten für Kinder, Reservierung am Wochenende sehr zu empfehlen, P.O. Box 5 02 55, Mesaid, Tel. 4 77 27 22, 4 77 03 80, Fax 4 77 27 33, 4 77 04 23, execsbr@qnhc.com

Sehr schön und beliebt zum Camping: im Süden des Sealine Beach Resort reichen wogende Sanddünen quasi direkt ans Meer.

Khor al-Udaid und Sandwüste

Inlandsee

An der als *Inland Sea* bezeichneten **Lagune Al-Udaid** im äußersten Südosten Qatars schneidet sich das Meer bis zu 20 km weit in die qatarische Wüste ein. 1500 km² groß ist dieses Binnenmeer, in dessen seichtem Gewässer **zahlreiche Fischarten** gute Lebensbedingungen finden. Vogelfreunde können hier interessante Entdeckungen machen, insbesondere im Frühjahr und Herbst, wenn **Scharen von Zugvögeln** auf ihren Routen zwischen Skandinavien, Sibirien, Europa oder Zentralasien nach Indien oder Afrika (bzw. zurück) einen Stopp einlegen. Viele Arten überwintern hier.

Wogende Wüste

Die Bucht ist umgeben von **mächtigen Sanddünen,** die sich bis 60 Meter Höhe auftürmen. Ein bis zwei Stunden vor Sonnenuntergang bieten sie den schönsten Anblick, denn je niedriger die Sonne steht, desto schärfer sind die Konturen der Dünen und desto größer die Schatten, die sie werfen.

Durch dieses Sandmeer kann man auch **nur mit einem Geländewagen** fahren.

Nach Süden

Organisierte Tour
Man sollte bei den heimischen Reiseveranstaltern einen **Ausflug in die Wüste** buchen: Barbeque am Beduinenzelt inklusive, Schwimmen im „Inlandsmeer" möglich (Badesachen nicht vergessen). Unbedingt zu empfehlen ist ein Ausflug mit Übernachtung unter einem grandiosen 1001-Sterne-Zelt (Schlafsäcke und Matten werden gestellt).

Fahrspaß im Sand
Gute Fahrer geben in der wogenden Wüste auch mal gerne Gas – das macht durchaus Spaß und ist stellenweise unvermeidbar, damit die Wagen sich ihren Weg durch den Sand „fressen" können. Doch bei allzu **wilden Fahrten** geht es zu wie in einer Achterbahn, daher gut fest halten und Vorsicht: Ihr Mittagessen könnte den Magen verlassen wollen (wer empfindlich ist, sollte wenig essen und mit Anti-Reiseübelkeitstabletten vorbeugen).

Die Dünen wandeln sich am Wochenende in einen riesigen **Off-Road-Sandkasten,** in dem die qatarischen Wüstensöhne die Kraft und Wendigkeit ihrer Geländewagen auskosten. Jeder versucht, den Kamm der höchsten Düne am wagemutigsten und schnellsten hinaufzurasen. *Dune-Bashing,* „Sanddünen prügeln" nennen die Einheimischen diesen heiß geliebten Freizeitspaß.

Sanddünenski
Bei Touristen ein Hit: *Dune-Skiing.* Entweder konservativ auf zwei Brettern oder modisch-Hip auf Snowboard (pardon: Duneboard). Für passionierte Bretter-Fans bestimmt zu langsam, aber für Anfänger ideal. Man frage einen der Tourveranstalter.

Zelturlaub in der Wüste
In den kühleren Wintermonaten sieht man vereinzelte **Beduinenzelte.** Doch falsch assoziiert: Hier leben keine waschechten Beduinen (wie nirgendwo in Qatar), sondern hier verbringen ganz „normale" Qataris und im Land lebende Europäer einen **Kurzurlaub mit der Familie.** Sozusagen „raus in die Natur". Und wenn das Wochenende vorbei ist, kehren sie mit ihren klimatisierten Geländewagen in ihre komfortablen Luxusvillen nach Doha zurück.

Anhang

Glossar

Soweit nicht anders gekennzeichnet, sind die aufgelisteten Begriffe arabischen Ursprungs, zur Transkription siehe „Kleine arabische Sprachhilfe".

- **Abaya:** Schwarzer, knöchellanger Frauenumhang.
- **Agal:** Schwarze Kordel, die bei den Männern die Kopfbedeckung hält.
- **Ahlan wa sahlan:** Traditioneller Willkommensgruß, heißt wörtlich „Angehörige und leicht" und meint „als Angehörige (und nicht als Fremde) seid ihr gekommen und leicht sollt ihr es haben".
- **Ain:** „Quelle" und „Auge".
- **Allah:** deutsche Form von *Al-Illah*, „der eine Gott", der arabische Name Gottes.
- **Bab:** „Tor", auch „Meerenge"
- **Bait:** „Haus".
- **Bajeel:** Traditioneller Windturm; zwei diagonale Innenwände ergeben vier Schächte, durch die kühlende Luftströme in das Innere des Hauses geleitet werden.
- **Barasti:** Luftdurchlässige Hütte aus zusammengesteckten Palmwedeln.
- **Batula:** Traditionelle Frauen-Gesichtsmaske.
- **Beduine/Bedu:** Arabischer Nomade, eigentlich richtige Form *bedu*, Plural *badawi*.
- **Bin:** Arab. Namenszusatz, „Sohn des ..." (*ibn* hat dieselbe Bedeutung).
- **Bint:** Arab. Namenszusatz, „Tochter des ...".
- **Bisht:** Männerumhang mit Goldborde, meist zu offiziellen Anlässen getragen.
- **Bukhur:** „Rauch", „Duft", Sammelbegriff für duftende Räucherstoffe.
- **Burj:** „Turm", meist Wehr- oder Wachturm.
- **Causeway:** (engl.) Damm.
- **Clocktower:** (engl.) „Uhrturm".
- **Corniche:** (franz.) „Küstenstraße".
- **Dalla:** Traditionelle Schnabelkaffeekanne, Symbol der Gastfreundschaft.
- **Dana:** Name einer makellosen Perle.
- **Dhau:** Sammelbegriff für traditionell arabische Holzschiffstypen.
- **Dilmun:** Alte bahrainische Hochkultur ab dem dritten Jahrtausend v.Chr.
- **Dishdasha:** Knöchellanges Männergewand.
- **Diwan:** Regierungsbüro, Audienzsaal; aber auch Empfangsraum in Privathäusern.
- **Dune-bashing:** (engl.) Sanddünen „prügeln", beliebter Freizeitsport: mit einem Geländewagen durch die Dünen jagen.
- **Dune-skiing:** (engl.) Mit Skiern oder Snowboard die Sanddünen hinabfahren.
- **Eid:** Muslimische Feiertage; das Eid al-Adha ist das große Opferfest zur *hajj*, das Eid al-Fitr findet zum Abschluss des Fastenmonats Ramadan statt.
- **Emir (Amir):** „Gebieter", Staatsoberhaupt.
- **Expatriates:** (engl.) Eigentlich alle Ausländer, die im Lande arbeiten; meistens bezieht sich die Bezeichnung jedoch nur auf diejenigen aus Europa oder den USA.
- **Flyover:** (engl.) „Überflieger", Bezeichnung für eine Überführung über eine Kreuzung oder einen Kreisverkehr.

GLOSSAR

- **Gargour:** Kuppelförmige Fischreuse, heute aus Drahtgeflecht, früher aus Palmblattstreifen.
- **Ghaus:** Perlentaucherei.
- **Gutra:** Typische weiße Kopfbedeckung der Männer.
- **Hadith:** „Ausspruch", „Überlieferung" über Verhalten, Handlungsweisen, Aussagen und Anweisungen, Billigungen und Missbilligungen *Mohammeds*, die neben dem Koran das Leben der sunnitischen Muslime bestimmen.
- **Henna:** Pflanze (lat. *Lawsonia inermis*), von der manche Arten getrocknet und gemahlen einen Farbstoff für Haare und Haut abgeben.
- **Hijra:** Umzug *Mohammeds* und der muslimischen Gemeinde von Mekka nach Medina (damals Yathrib) im Jahr 622 n.Chr.; Beginn der islamischen Zeitrechnung.
- **Hisn:** „Burg", „Fort".
- **Insha'allah:** „So Gott will", Redewendung in verschiedenen Bedeutungsnuancen, die allen Bemerkungen über die Zukunft angefügt wird.
- **Intersection:** (engl.) „Straßenkreuzung".
- **Islam:** Glaubenslehre, „Vollständige Hingabe an Gott"; es bekennen sich von Marokko bis Indonesien ca. eine Milliarde Menschen zum Islam.
- **Jebel:** „Berg", „Gebirgszug".
- **Junction:** (engl.) „Straßenkreuzung".
- **Kalif:** Deutsche Form von *khalifa*, „Nachfolger", Titel für die Nachfolger *Mohammeds* in der Regentschaft über das arabische Großreich.
- **Kalifat:** Herrschaftsform durch die Kalifen.
- **Kalligrafie:** (griech.) „Schönschreibkunst".
- **Kandoura:** Langes, weites Oberkleid von Männern und Frauen.
- **Khanjar:** In den Zeiten der alten Shaikhtümer getragener omanischer Krummdolch.
- **Khor:** Lagune, Bucht, Meeresarm.
- **Koran:** Deutsche Form von *qur'an*, „Das Vorgetragene", heiliges Buch der Muslime, beinhaltet unveränderbare Gottesworte, die Gott dem Propheten *Mohammed* offenbarte.
- **Kufiya:** Rot-weiß kariertes Tuch als männliche Kopfbedeckung.
- **Lulu:** Sammelname von „Perlen".
- **Madbassa:** Vorrichtung zur Herstellung von Dattelsirup in alten Häusern. Über im Boden eingelassene Kanäle wurden Datteln in Säcken oder Palmwedelkörben gelagert, unter Hitze und Druck floss der schwarze Sirup aus und wurde in Tonkrügen aufgefangen.
- **Magan:** Alte Hochkultur, im zweiten Jahrtausend v.Chr. im Gebiet des heutigen Nordoman; gelegentlich auch als Makan bezeichnet.
- **Majlis:** „Sitzplatz", „Sitzung, Rat, Versammlung"; auch Bezeichnung für einen Empfangsraum und regelmäßig stattfindende Versammlung zwischen Herrschern oder wichtigen Persönlichkeiten und Bürgern.
- **Mall:** (engl.) Großzügiges, elegant eingerichtetes Kaufhaus mit einzelnen Geschäften.
- **Masjid:** „Moschee".
- **Maskar:** Traditionelle Fischreuse in Ufernähe.
- **Medina:** „Stadt" bzw. Altstadt; auch Stadt in Saudi-Arabien, erste Stadt, die sich zum Islam bekannte, Ort von Mohammeds Grabmoschee.
- **Mekka:** Geburtsstadt des Propheten; Ort, an dem der Koran offenbart wurde und mit der großen Moschee heiliges Zentrum der Muslime und Pilgerort der Muslime in Saudi-Arabien.

GLOSSAR

- **Meluhha:** Alte Hochkultur, im zweiten Jahrtausend v.Chr. im Gebiet des Industals.
- **Mesopotamien:** Ehemaliges Reich und Landschaft im Irak, das Reich existierte im 3. und 2. Jahrtausend v.Chr.
- **Mihrab:** Nische in der Moscheewand, zeigt die Gebetsrichtung nach Mekka an.
- **Mina:** „Hafen".
- **Minarett:** Moscheeturm; deutsche Form von *minara,* „Lichterturm".
- **Minbar:** Kanzel in der Moschee.
- **Misbah:** Gebetskette, deren Perlen die 99 Namen Gottes symbolisieren; es gibt entweder lange Ketten mit 99 Perlen oder kurze mit 33 Perlen, die mal 3 gezählt werden.
- **Mohammed:** „Der Gepriesene", heiliger Prophet und Religionsstifter des Islam (er lebte 570-623 n.Chr.); häufiger Männername.
- **Monotheismus:** (griech.) Glaube an einen einzigen Gott.
- **Moschee:** Deutsche Form von *masjid,* „Ort der Niederbeugung", Gebetshaus und Zentrum des sozialen Lebens.
- **Mubkhar:** Dient zum Verbrennen von Räucherstoffen und Weihrauch; traditionell aus Ton getöpfert, werden die Duftstoffe auf glühender Kohle verbrannt.
- **Muezzin:** Gebetsausrufer.
- **Municipality:** (engl.) „Stadtverwaltung", „Rathaus".
- **Muslim:** „Der sich Hingebende (an Gott)", fem. *Muslima.*
- **Myrrhe:** Duftharz.
- **Nargila:** Wasserpfeife mit Tonkorpus, siehe auch *shisha.*
- **Osmanen:** Türkisches Weltreich 1453-1924 mit Besitzungen im östlichen Mittelmeer, Europa, Kleinasien, Ägypten und Arabien.
- **Oud:** „Holz", auch Name eines lautenähnlichen Musikinstrumentes.
- **Prophet:** Der Islam kennt eine große Anzahl von Propheten, die alle Wegbereiter *Mohammeds* waren, auch zahlreiche aus der Bibel.
- **Qahwa:** Traditioneller Kaffee, oft mit Gewürzen wie Kardamon und Ingwer zubereitet; Zeichen der Gastfreundschaft.
- **Qal'at:** „Burg", „Festung".
- **Qasr:** „Schloss".
- **Ramadan:** Heiliger Monat der Muslime; Fastenzeit im 9. Monat des islamischen Mondjahres.
- **Ras:** „Kopf", Felsvorsprung, Kap.
- **Roundabout:** (engl.) „Kreisverkehr", Abk. R/A.
- **Sakar:** Falkner.
- **Salam:** „Friede", auch Abkürzung von *As-salamu alaikum,* „Der Friede sei mit dir", dem häufigsten arabischen Gruß; die Antwort lautet *Alaikum assalam,* „Der Friede sei auch mir dir".
- **Salat:** Die Pflicht jedes Muslims, täglich fünfmal zu beten.
- **Sanduk:** Traditionelle Truhe.
- **Sari:** (hindi) Indisches Frauengewand aus einer langen Stoffbahn.
- **Sasha:** Boot aus Palmzweigen.
- **Schari'a:** „Straße"; auch Name für die islamische Rechtslehre.
- **Schiiten:** Von *Schia,* „Partei". Muslimische Minderheit, die sich im 8. Jahrhundert von den Sunniten abspaltete. Die Schiiten erkennen nur den Kalifen *Ali* als rechtmäßigen Nachfolger *Mohammeds* an und orientieren sich nicht an der Sunna.

GLOSSAR, ABKÜRZUNGEN

- **Shahada:** Das muslimische Glaubensbekenntnis.
- **Shaikh:** „Ältester", „verehrungswürdig", Titel für Stammesälteste und Stammesoberhäupter, Vorstände von Familienverbänden, Adelige und deren Söhne sowie ehrwürdige Religionsgelehrte.
- **Shaikha:** Ursprünglich Tochter eines *Shaikhs,* heute auch Titel seiner Frau.
- **Shisha:** Wasserpfeife mit Glaskorpus, auch *nargila* genannt.
- **Sirwal:** Weite, bunte, an den Knöcheln bestickte Frauenhose, die unter dem Kleid getragen wird.
- **Souq:** „Markt", auch historisches Geschäftsviertel.
- **Sponsor:** (engl.) „Bürge"; jeder ausländische Arbeiter benötigt einen einheimischen Bürgen; ausländische Geschäftsleute benötigen, bis auf wenige Ausnahmen, einen einheimischen Partner und Teilhaber; auch Touristen, die länger in Qatar bleiben möchten, benötigen zur Visaerteilung einen Sponsor, wie ein Hotel oder einen einheimischen Bekannten.
- **Sunna:** „Vielbegangener Weg", „Gewohnheit", auch „Tradition", Gesamtheit der Hadith-Sammlung und Lebensweisen *Mohammeds.*
- **Sunniten:** Islamische Glaubensform, zu der sich die Mehrheit der Muslime bekennt.
- **Sure:** „Grad", „Schritt", 114 Kapitel des Korans.
- **Umm:** „Mutter von ...", in Verbindung mit dem Vornamen des ältesten Sohnes ehrenvolle Anrede.
- **U-Turn:** (engl.) U-förmige Kehrtwendung im Straßenverkehr.
- **Wadi:** Trockental, das nach heftigen Regenfällen zeitweise Oberflächenwasser führen kann.
- **Wahhabiten:** Islamische Glaubensrichtung aus Zentralarabien, die sich auf die Lehren des *Mohammed ibn Abdul Wahhab* (1703-1792) beruft und eine Rückkehr zu den Wurzeln des Islam fordert.
- **Zakat:** Die Pflicht der Muslime, Bedürftigen zu helfen.

Abkürzungen

- **a.m.** engl. Abk. *Ante Meridiem,* „vor Mittag" (0-12 Uhr)
- **Av.** franz. Abk. *Avenue,* „Straße"
- **€** Euro
- **H.E.** engl. Abk. *His Exelency,* „Seine Exellenz"
- **H.H.** engl. Abk. *His Highness,* „Seine Hoheit"
- **Jh.** Jahrhundert
- **n.Chr.** nach Christus
- **P.O. Box** Nummer des Postfaches
- **p.m.** engl. Abk. *Post Meridiem,* „nach Mittag" (13-23 Uhr)
- **QR** Qatar Rial
- **R/A** engl. Abk. *Roundabout,* „Kreisverkehr"
- **Rd.** engl. Abk. *Road,* „Straße"
- **St.** engl. Abk. *Street,* „Straße"
- **v.Chr.** vor Christus

Kleine arabische Sprachhilfe

Transkription

Die in diesem Buch verwandte Transkription, also die Umschreibung arabischer Sprachlaute in unsere lateinische Schrift, lehnt sich an die in Qatar gebräuchliche **Orientierung an englische Sprachlaute** an.

So bedeuten:

- **sh** „sch", wie im englischen „ship"
- **ee** langes „i", wie im englischen „feel"
- **ou, oo** langes „u", wie im englischen „moon"
- **j** „dsch", wie im englischen „John"
- **r** auf der Zungenspitze gerolltes „r"
- **q** tiefes, in der Kehle gesprochenes „k" (wie in „karg")
- **z** weiches „s" (wie in See")
- **w** weiches „w", wie im engl. „what"
- **th** wie im englischen „think", scharf
- **dh** wie das englische „this", weich
- **gh** ungerolltes „r" (wie im franz. „rouge")
- **kh** wie „ch" in „Bach" (nicht wie in „ich")
- **^** langer Vokal (nur im Abschnitt „Höflichkeiten auf Arabisch")
- **'** Stimmabsatz wie in „Be'amter" oder das berüchtigte arabische „'Ain", ein aus der Tiefe der Kehle gequetschter „a"-ähnlicher Würgelaut (da die Aussprache des „'Ain" für Ungeübte meist zum Scheitern verurteilt ist, kann das „'Ain" der Einfachheit halber auch als Stimmabsatz betrachtet werden)
- Die Aussprache der übrigen Buchstaben entspricht etwa der im Deutschen.

KLEINE ARABISCHE SPRACHHILFE

Höflichkeiten auf Arabisch

Auch wenn man sich in Qatar nahezu überall und mit beinahe jedermann in Englisch unterhalten kann, so wird es sehr hoch angerechnet, wenn man **einige arabische Redewendungen, insbesondere die Begrüßungsfloskeln,** kann.

Die hier aufgeführten „Sie"-Formen unterscheiden sich nicht von der jeweiligen „du"-Form.

Alle Buchstaben mit einem ^ sind laaaang zu betonen.

- **Friede sei mit euch (=Guten Tag):**
  as-salâm 'alaikum
  Antwort: Und Friede sei mit euch:
  wa 'alaikum as-salâm
- **Guten Morgen:** *sabâh al-khair*
  Antwort: *sabâh an-nûr*
  (einen Morgen des Lichtes)
- **Guten Abend:** *msâ al-khair*
  Antwort: *msâ an-nûr* (einen Abend des Lichtes)
- **Hallo:** *marhabâ*
- **Willkommen:** *áhlan wa sahlan* (siehe Glossar)
  Antwort: *áhlan wa sahlan*
- **Auf Wiedersehen:** *ma' as-salâma*
- **Allah beschütze dich:** *hayâk Allâh*
- **Wie geht's?:** *kayf al-hâl?*
  Antwort: *al-hamdulillah* (Gott sei's gelobt)
  oder *quaiyys* (gut)
  dann stets Gegenfrage anschließen (Wie geht es ihnen?): *kayf al-hâl 'anta?* (zu einem Mann), *kayf al-hâl 'anti?* (zu einer Frau)
- **Wie heißen Sie?:** *mâ 'ismak* (zu einem Mann), *mâ ismik* (zu einer Frau)?
  Antwort: ich heiße...: *'ismî...*
- **Woher kommen Sie?:** *min ayna 'anta?* (zu einem Mann), *min ayna 'anti?* (zu einer Frau)?
  Antwort: *min almâniyâ* (aus Deutschland)/
  min swisrâ (aus der Schweiz)/
  min an-nimsâ (aus Österreich)

Anhang

- **Sprechen Sie Englisch / Arabisch?:**
  takhî inglîsî / 'arabî?
  Antwort: *shwayya* (ein bisschen – kann man sagen, auch wenn man nur wenige Worte kann) oder *mâ 'ahkî ...* (ich spreche kein ...)
- **Haben Sie Kinder?:** *hal 'aindak 'aulâd?*
  Antwort: *na'am, 'aindî thalâtha* (Ja, ich habe 3) / *lâ, laissa 'aindî* (Nein, ich habe keine Kinder)
- **Bitte (von jemandem etwas erbitten):**
  min fadhlak (zu einem Mann),
  min fadhlik (zu einer Frau)
  Antwort: *shukran* (Danke)
  Gegenantwort: *'afwan* (Keine Ursache)
- **Bitte (jemandem etwas anbieten):** *tafaddal* (zu einem Mann), *tafaddalî* (zu einer Frau)
  Antwort: *shukran* (Danke)
- **Wenn Sie erlauben:** *law samaht*
  Antwort: Bitte: *tafaddal* (zu einem Mann), *tafaddalî* (zu einer Frau)
- **Entschuldigung, es tut mir leid:**
  'anâ âsif (als Mann), *'anâ âsifa* (als Frau)
  Antwort: *afwan* (keine Ursache)
- **Wie gefällt Ihnen Qatar?:** *kayf Qatar?*
  Antwort: *Qatar jamîl* (Qatar ist schön)
- **Hoffentlich, wahrscheinlich, so Gott will, wenn nichts dazwischen kommt:**
  'insh'allâh (siehe Glossar)
- **Darf ich fotografieren?:** *mumkin sûra?*

KLEINE ARABISCHE SPRACHHILFE

Arabische Ziffern

Die arabischen Ziffern werden (im Gegensatz zu den Buchstaben) von links nach rechts geschrieben:

1 one wâhid	١	**20** twenty 'ishrîn	٢٠
2 two ithnain	٢	**30** thirty thalâthîn	٣٠
3 three thalâtha	٣	**40** fourty arba'în	٤٠
4 four arba'a	٤	**100** one hundred miya	١٠٠
5 five khamsa	٥	**200** two hundred mîtain	٢٠٠
6 six sitta	٦	**300** three hundred thalâtha miya	٣٠٠
7 seven sab'a	٧	**400** four hundred arba'a miya	٤٠٠
8 eight thamânya	٨	**1000** one thousand alf	١٠٠٠
9 nine tis'a	٩	**2000** two thousand alfain	٢٠٠٠
10 ten 'ashara	١٠	**3000** three thousand thalâthat alâf	٣٠٠٠

HILFE, ANZEIGE

HILFE!

Dieses Urlaubshandbuch ist gespickt mit unzähligen Adressen, Preisen, Tipps und Infos. Nur vor Ort kann überprüft werden, was noch stimmt, was sich verändert hat, ob Preise gestiegen oder gefallen sind, ob ein Hotel, ein Restaurant immer noch empfehlenswert ist oder nicht mehr, ob ein Ziel noch oder jetzt erreichbar ist, ob es eine lohnende Alternative gibt usw.

Unsere Autoren sind zwar stetig unterwegs und versuchen, alle zwei Jahre eine komplette Aktualisierung zu erstellen, aber auf die Mithilfe von Reisenden können sie nicht verzichten.

Darum: Schreiben Sie uns, was sich geändert hat, was besser sein könnte, was gestrichen bzw. ergänzt werden soll. Nur so bleibt dieses Buch immer aktuell und zuverlässig. Wenn sich die Infos direkt auf das Buch beziehen, würde die Seitenangabe uns die Arbeit sehr erleichtern. Gut verwertbare Informationen belohnt der Verlag mit einem Sprechführer Ihrer Wahl aus der über 130 Bände umfassenden Reihe „Kauderwelsch".

Bitte schreiben Sie an: REISE KNOW-HOW Verlag Peter Rump GmbH, Osnabrücker Str. 79, D-33649 Bielefeld, e-mail: info@reise-know-how.de
Danke!

Kauderwelsch Sprechführer

Arabisch für die Golfstaaten
Kauderwelsch-Band 133
192 Seiten
ISBN 3-89416-496-4

Die Sprechführer-Reihe **Kauderwelsch** umfaßt über 130 Bände, speziell geschrieben für Reisende.
- Verständliche Erklärung der Grammatik
- Wort-für-Wort-Übersetzung
- praxisnahe Beispielsätze
- Lautschrift
- nützliches Vokabular
- zu jedem Band gibt es eine begleitende Tonbandkassette

REISE KNOW-HOW Verlag Peter Rump GmbH

Register

A
Abaya 128
Abkürzungen 207
Al-Bida-Park 146
Al-Dhakhira 189
Al-Hijri 25
Al-Jazeera 44
Al-Khalifas 88, 191
Al-Khor 188
Al-Rayyan 193
Al-Ruwais 190
Al-Shabaq-Gestüt 196
Al-Thani-Dynastie 88, 191
Al-Udaid 201
Al-Wajba-Fort 196
Al-Wakra 199
Al-Zubara 90, 191
Alkohol 21, 43
Almosensteuer 112
Altstadt 160
Apotheken 33, 185
Araberpferde 193
Arabisch 53
Armbanduhren 20
Auslandsreise-Krankenversicherung 74
Ausrüstung 14
Autoverkehr 72

B
Baden 179
Banken 32
Bargeld 32, 46
Bars 43, 176
Batula 128
Beduinen 119
Beduinenlyrik 130
Beduinen 88, 115
Begrüßung 62
Bekleidung 15, 65, 126
Besiedlung 87
Bevölkerung 115
Bir Zekit 199
Botschaften 16
Briefmarken 51
Bücher 43

C
Cafés 175
Chauffeur 71
Corniche 145

D
Datteln 19
Dattelpalme 108
Decken 19
Devisen 31
Dhaus 131
Dhauhafen 148
Dhauwerft 148
Dichtkunst 130
Dilmun-Kultur 99
Diplomatische Vertretungen 16
Dishdasha 126
Doha 144
Doha Fort 160
Dromedare 57
Düfte 136
Duftöle 19
Dugongs 85
Dukhan 198
Durchfall 35

E
Eid al-Adha 25
Eid al-Fitr 25
Einheimische 115
Einkaufen 17
Einkaufszentren 158
Einladungen 61
Einreisebestimmungen 16
Elektrizität 17
Elektroartikel 20
Emir 97
Englisch 54
Erdgas 104
Erdöl 103
Erkältung 35
Essen 21, 64

F
Falknerei 134
Familie 125
Fast Food 174
Fauna 81
Feiertage 25
Feilschen 66
Fernsehen 42
Fernsehsender 44
Feste 25
Filme 28
Fische 86
Fischerei 107, 121
Flora 81
Fluggesellschaften 38, 185
Flughafensteuer 38
Flugticket 46
Fotografieren 28, 66
Fotozubehör 20, 28
Frauen 67, 119
Fremdenverkehrsämter 40
Fünf Säulen des Islam 112

G
Gallone 41
Gastarbeiter 115
Gastfreundschaft 61
Gastronomie 168
Gebet 112
Geldfragen 31
Geldwechsel 177
Gemeinschaft 118
Geografie 80
Gepäck 14
Gerfalken 134
Geröll- und Kieswüste 80
Geschichte 86
Geschlechtertrennung 67
Gesellschaft 115
Gesichtsmaske 128
Gespräche 62
Gesundheit 33
Gewichte 41
Gewürze 18
Glaubensbekenntnis 112
Glossar 204
Gold 157
Gold- und Juwelenschmuck 20

Golf 180
Golfkooperations-
    rat 105
Großbritannien 92
GSM-Geräte 56

H
Halwa 22
Handeln 66
Handys 56
Henna 137
Hennabemalung
    20, 137
Hepatitis A 33
Hijra 111
Hin- und Rückflug 38
Holztruhen 18
Hotels 164

I, J
Imbisse 173
Impfungen 33
Industrie 106
Informationen 40
Internet 40
Islam 87, 109
Jebel Dukhan 80

K
Kaffee 62
Kaffeekannen 18
Kajal-Behälter 18
Kalender 25
Kalligrafie 131
Kamele 57, 73, 194
Kamelrennen 58, 194
Kameltaschen 19
Khanjar 141
Khor al-Udaid 201
Kinder 51
Kleidung
    15, 20, 65, 126
Klima 81
Klimaanlage 35
Kliniken 37, 184
Korallenriffe 80
Koran 110
Krankenhäuser 37, 184
Kreditkarte 32
Krummdolche 18
Kultur 126

L
Lagune Al-Udaid 201
Lailat al-Miraj 25
Landschaft 80
Landwirtschaft 107
Limousinenservice 184
Linke Hand 62
Literatur 41

M
Mahlzeit 63
Mangroven-
    halbinsel 189
Männer 67, 119
Maulid al-Nabi 25
Maße 41
Medien 42
Medikamente 33
Medina 111
Medinat al-Shamal 190
Meerestiere 86
Mesaid 201
Mietwagen 70
Mietwagen-
    agenturen 183
Mobiltelefone 56
Muhammad 111
Musik 128
Muslimische
    Festtage 25

N
Nachtleben 43
Namen, arabische 116
Nationalmuseum 150
Notfall 37
Notfall-Tipps 46

O
Öffentlichkeit 125
Öffnungszeiten 47
Ölfunde 94
Oryx-Antilopen
    84, 197
Oryx-Farm 197
Osmanen 87
Ostern 27

P
Palmeninsel 149
Parfum 19, 136

Pauschalreisen 48
Perlen 94
Perlenfischerei 121
Perlenhandel 99
Pferderennen 58, 193
Pferdezucht 193
Pflanzen 81
Pilgerfahrt 112
Poesie 130
Polizei 185
Porto 51
Post 51
Postämter 184
Postkarten 51
Prophet
    Muhammad 111

Q, R
Qatar Eid Festival 27
Radio 42
Ramadan 25, 114
Ras Laffan Industrial
    City 189
Ras Umm Saa 189
Räuchermischungen
    18, 137
Reformen 98
Regen 81
Reiseapotheke 33
Reisegepäck 14
Reisegepäck-
    versicherung 75
Reisekleidung 15
Reisekrankheit 36
Reisepapiere 14
Reisepass 17, 46
Reiserücktrittskosten-
    versicherung 76
Reisechecks 32, 46
Reiseveranstalter
    48, 182
Reiseversicherungen
    73
Reisezeit 52
Restaurants 168

S
Sanddünen 80, 202
Sanddünenski
    182, 203
Schiffsbau 131

Schiffsmodelle 19
Schiiten 114
Seekühe 85
Shahaniya 196
Shopping 178
Showarma 25
Sicherheit 53
Silberdosen 18
Silberschmuck
  18, 139
Sommer 81
Sonnenschutz 36
Souq Waqif 151
Souvenirs 18
Souveränität 97
Speisen, arabische 23
Sport 179
Sprache 53
Sprachhilfe 208
Staat 97
Stecker 17
Steinzeit 86
Stoffe 20
Stopover 38
Sunna 114
Sunniten 114

T
Tag der Thronbesteigung 28

Tanz 128
Tauchen 181
Taxi 69
Telefonieren 55
Temperaturen 81
Teppiche 19
Tiere 84
Touristenvisum 16
Tourveranstalter 51
Tradition 124
Trinken 21
Trinkgeld 32
Trockenpflanzen 81
TV 42

U
Uhrturmplatz 160
Unabhängigkeit 96
Unabhängigkeitstag 28
Unfall 72
Unterkunft 57, 164
Ushairiy 192

V
Veranstaltungen 58
Verhaltenstipps 61
Verkehr 72
Verkehrsmittel 69
Versicherungen 73
Visum 16

Vögel 84
Vorderlader-
  Gewehre 18

W
Waffenmuseum 162
Wahabiten 93
Währung 31
Wanderfalken 134
Wassersport 181
Wechselkurs 31
Wechselstuben 32
Weihnachten 27
Weihrauch 18, 137
Windtürme 82
Winter 81
Wirtschaft 99
Wochenende 47
Wüste 80, 202
Wüstentouren 183

Z
Zeitschriften 42
Zeitungen 42
Zeitverschiebung 76
Zentralmarkt 161
Zollbestimmungen 76

Kartenverzeichnis

Doha . . . . Umschlagklappe hinten
Doha Souq 154
Qatar . . . . Umschlagklappe vorn

Die Autorin

Kirstin Kabasci arbeitet als Reisebuchautorin (Vereinigte Arabische Emirate, Oman, Jemen und Bahrain), freie Fotografin, Reiseleiterin und Repräsentantin eines Reiseveranstalters. Arbeits- und Studienaufenthalte, Recherchen und Reisen führen sie regelmäßig auf die arabische Halbinsel, in den Nahen Osten und nach Nordafrika.